KB104233

_______________ 님께

_______________ Dream

이제는 진학이 아니라 진로다

이제는 진학이 아니라 진로다

손영배 지음

추천의 글

배우고 도전하고 창조하고 나누는 선생님을 응원합니다

손영배 작가의 60년 도전 인생을 단숨에 읽어 내려갔다. 글이 재미있고 흡인력이 있어 술술 읽혔다. 한편으론 송구스러웠다. 평안한 글 속에 숨 가쁜 파닥거림이 보였기에 이리 편안하게 읽어도 되나 싶었다.

"우리가 토끼를 잡았어요. 볶아주세요!"라는 부분에서 빵 터졌다. 꼬질꼬질한 꼬맹이들이 흰 눈 덮인 산을 쫓아다니면서 잡은 토끼를 떡 하니 내밀더니 볶아달란다. 꼬맹이들은 얼마나 짜릿했을까?

작가의 토끼 사냥은 지금까지 유효한 것 같다. 현대맨

→ 스위스 엔지니어 → 특성화고 교사(기계전공) → 학교기업담당교사 → 취업담당교사 → 진로진학상담교사 → 진로 전문 작가(유튜버·블로거) → 재능디자인연구소 개설! 꼬마 토끼 사냥꾼은 직무를 일곱 번이나 갈아치우더니 마침내 재능디자인연구소 소장이 되신다.

가히 '도전의 아이콘'이다. 굳게 닫힌 시험장 문을 간절함으로 열었듯이 또 다른 세상을 향한 도전의 문을 열고 한 걸음씩 나아가셨던 거다. 배우고 도전하고 창조하고 나누면서…. 분명 토끼 잡던 그 짜릿함을 즐기셨겠지.

손영배 선생님을 만난 지 일 년이 되었다. 선한 인상과 평안한 어투, 여백과 넉넉함이 보인다. 그런데 보이는 게 전부가 아니다. 진로 교육을 향한 치열함과 열정, 제자를 향한 진지함과 사랑에 고개가 절로 숙여진다.

한 달 전 교내 333프로젝트 발표회에서 1학년 남학생이 손영배 선생님을 인생 멘토라고 했다. 학생들을 얼마나 진심으로 정성껏 교육하셨는지 녀석들이 먼저 알고 있는 거다. 게다가 우리 학교 학생 24명이 교육청 주관 해외연수 기회를 얻게 된 것도 순전히 선생님 덕분이다. '읽고 인터뷰하고 기록하자'는 선생님의 평소 교육 철학이 빛을 발하게 된 거다. 불우한 환경에 처한 학생이 매달 용돈처럼 2년 동안 장학금을 받는 것도 선생님이 베푼 사랑의 힘 덕분이다. 학창 시절 말썽꾸러기가 군부사관을 거쳐 체육관 관장이 되기까지 옆에서 함께해주신 선생님의 은혜를 갚기 위해 선생님의 또 다른 제자에게 장학금을 주는 거다.

손영배 작가는 진로진학상담교사다. 글로 배운 진로가 아니라 본인이 실전으로 체득한 진로를 교육하셨다. 늘 두 발 앞서 나가 시대를 읽고 있었다. 그래서 설득력 있고 힘 있게 피력하신다. "이제는 진학이 아니라 진로다"라고!

손영배 작가님, 이제 학교 울타리를 벗어나 더 넓은 세상에서 'Sunny'로 선한 영향력을 끼치시길 응원합니다. 선생님의 내일을 더 기대합니다.

영종국제물류고등학교 교장

고근혜

새로운 도전을 응원합니다

《이제는 진학이 아니라 진로다》는 학생들에게 진로탐색의 중요성을 알리고 평생학습의 본보기가 되어준 손영배 작가의 삶과 열정이 오롯이 담긴 책입니다. 청소년기의 꿈을 실현하기 위해 진로독서의 중요성을 강조하는 선생님의 활동은, (사)국민독서문화진흥회가 군 장병을 대상으로 취업과 연관된 책 읽기와 서평 쓰기를 강조하는 맥락과 결이 닿아 있습니다. 대한민국의 미래를 짊어질 청소년과 청년들이 이 책의 메시지에 주목하여 적성을 발견하고 능력에 맞춰 진로를 탐색함으로써 각자의 꿈을 성취하길 바라며 일독을 권합니다.

김을호 (사)국민독서문화진흥회 회장, 한국독서교육신문 발행인이 책은 '손영배'라는 이름 석 자로 살아가는 퍼스널 브랜드의 역사를 고스란히 담고 있습니다. 우리가 역사를 기억하는 이유는 기록되어 있기 때문입니다. 퍼스널 브랜드는 기록으로 기억됩니다.

직장인에서 고등학교 교사로, 진로진학상담교사를 거쳐 작가, 유튜버, 재능디자인연구소 소장에 이르기까지 다양한 삶의 궤적을 그리며 자신의 재능과 가능성을 디자인하고, 교사로서 퍼스널 브랜드를 쌓아가고 계시는 손영배 선생님의 모습에 감탄이 절로 나옵니다.

모든 것이 인터넷으로 이어진 초연결 시대! 세상은 학력, 경력, 자격증 같은 스펙이 아니라 직접 경험하고 완성한 포트폴리오로 증명된 '영향력' 있는 사람에게 주목합니다. 선생님을 거쳐 사회로 나간 제자들이 끊임없이 선생님을 찾는 이유도 여기에 있습니다. 영향력은 그것을 가능케 하는 사람에게서 나옵니다. 직접 보여주는 것만큼 확실한 교수법은 없습니다.

교직을 벗어나 재능디자인연구소 소장이라는 1인 기업으로 홀로서기를 하는 이때, 손영배 선생님이 앞으로도 진정한 퍼스널 브랜드의 영향력을 맘껏 발휘하게 되리라 믿어 의심치 않습니다.

조연심 《하루 하나 브랜딩》 저자, 퍼스널브랜딩그룹 엠유 대표

손영배 선생님의 책 출간을 진심으로 축하드립니다. 1999년 처음 교직에서 뵌 손영배 선생님은 부드럽고 따뜻한 분으로 아이들에게 기계공학을 가르치셨습니다. 그러나 대학원을 통해 자기 연찬研鑽과 연구에도 쉼이 없으셨지요. 그 힘과 열정이 대한민국의 청소년들에게 희망과 길을 보여주는 책에 오롯이 담겼을 뿐 아니라 학교 현장에서 실천되며 많은 아이의 미래를 바꾸는 기반이 된 것이 아닐까 싶습니다. 교육은 교사가 아이들을 향한 비전을 놓지 않아야 하고 그들이 재능과 꿈을 꽃피우도록 마음과 가르침으로 지원해야 가능합니다. 그런 의미에서 저 또한 진로진학상담교사로

선생님의 가치와 꿈을 더욱 지지하게 됩니다. 책장을 넘기며 보석을 찾듯 손영배 선생님의 삶의 여정을 새롭게 바라보게 되는 것은, 제 삶에도 그분의 삶이 전이되길 소망하기 때문일 것입니다. 다시 한번 출간을 축하드립니다. 그리고 늘 응원합니다.

최금희 옥련여자고등학교 진로진학상담교사

반평생 많은 제자에게 진로의 방향을 제시해주시던 선생님은 퇴직 후 과연 어떤 진로를 선택하실까? 전공을 살려 시니어 엔지니어로 활동하실까? 아니면 고향으로 귀촌하여 농사를 지으실까? 제자로서 걱정과 기대가 엇갈리는 마음으로 재미있는 상상을 하곤 했습니다.

얼마 전 선생님과 유선 통화로 두런두런 이야기를 나누다가 선생님의 퇴직 후 진로에 대해 알게 되었습니다. "선생님은 퇴직하고 새로운 직업을 만들어 볼 거야", "네? 새로운 직업을 만드신다고요?", "응, 많은 사람에게 진로의 방향과 스스로 재능을 찾게 도와주는 재능디자이너가 돼보려고 해." 수화기 너머로 자신감이 가득한 선생님의 목소리에 머리카락이 쭈뼛 섰습니다. 전혀 예상하지 못한 선생님의 계획을 듣고 얼마 전 책에서 본 '마부정제馬不停蹄'라는 사자성어가 떠올랐습니다. 달리는 말이 말굽을 멈추지 않듯이, 선생님은 과거에 머물지 않고 더욱 발전하고 정진하는 삶의 표본이 되시니까요. 대기업 엔지니어로 시작하여, 교사, 박사, 유튜버, 작가 등으로 항상 도전하고 활동하는 선생님의 모습은 제자들의 나태함을 쫓아내는 자극제이자 실천을 도와주는 촉매제가 되어주었습니다. 선생님의 퇴직은 교직 생활을 마무리하는 작별의 시간이 아닌 새로운 도전을 알리는 출사표라고 생각합니다. 선생님의 인생 제3막이 오르락내리락 굴곡진 길에서 즐거움으로 가득하길 기원하고 응원합니다.

박태준 삼성중공업 기선/기능장

프롤로그

진로교사가 꿈꾸는 인생 3막

"앗! 선생님도 그만두세요?", "아니, 선생님도요?"

올해는 교단을 떠나는 교사가 유난히 많다. '저분만큼은 오래 교단을 지킬 거야.' 하고 생각했던 교사들까지 모두 퇴직하는 느낌이다. 적지 않은 수의 교사가 학생을 가르치는 일에 피로감과 회의를 느끼고 교편을 일찍 놓는 분위기다. 인공지능의 발달을 포함해 급격하게 변하는 사회적 요구에 대한 부담감 또한 교사들의 이른 퇴직에 한몫했으리라.

그 외에도 아주 다양한 개인적인 이유가 있을 것이다. 어떤 이유든 정년퇴임이 아닌 상황에서 교직을 떠나는 사람이라면 무언가 두고 가는 느낌에 마음 한편이 시리고 무거운 건 어쩔 수 없을 것이다. 나 역시 하고 싶은 일을 하겠다는 이유로 교편을 내려놓을 예정이라 마음이 편치만은 않다. 혹자는 얼마 남지 않았으니 이왕이면 정년을 채우라 하지만, 내 마음은 학교라는 울타리를 넘어 새롭게 품은 꿈을 펼칠 변화의 현장으로 움직이고 있다.

이 책은 인생 3막에 들어선 내가 마음 가는 대로 살아보겠다는 선언이다. 혹자는 이렇게 물을 것이다. "그럼, 그동안은 마음 가는 대로 살지 못했단 말인가?" 반쯤은 그렇다. 대부분의 사람들이 그러하듯 나 역시 삶에 떠밀려 치열하게 살아왔다. 회사생활이 그랬고, 교직생활도 별반 다르지 않았다. 늘 분주하게 살았기에 퇴직 이후의 삶을 고민할 틈이 없었다. 적어도 책을 쓰기 전까지는 말이다.

수년 전 몇 권의 진로 관련 서적 집필에 매달린 시간이 나 자신의 삶을 돌아보고 앞으로의 삶에 대해 자문하는 계기가 됐다. '아이들에게 자기답게 사는 삶을 강조했는데, 정작 너는 은퇴 후에 어떤 삶을 꿈꾸는데?' 이번에 내놓은 책에는 인생 3막으로 나아가기 위해 내가 인생 1막과 2막에서 했던 진로 선택과 관련된 내용이 담겨 있다. 삶의 궤적을 정리하는 작업은 내가 꿈꾸는 인생 3막의 진로를 그려보는 단계로 이어졌다.

"호랑이는 죽어서 가죽을 남기고 사람은 죽어서 이름을 남긴다"라고 했던가? 살면서 나는 다양한 호칭으로 불렸다. 부장, 박사, 저자, 작가, 유튜버, 블로거, 선생님…. 그런데 나는 아이들이 "영배 샘"이라고 불러줄 때가 가장 기분 좋다. 학교라는 인생 2막의 무대에서 교사로서 떳떳하게 이름 석 자를 남겼으니 이만하면 내 인생도 보람과 의미가 있지 않을까?

이 책은 교사로서 느낄 수 있는 최고의 기쁨이자 삶의 의미가 되어준 제자들에게 내가 줄 수 있는 최고의 선물이다. 한발 앞서 다양한 진로를 선택하고 체험한 진로상담교사의 좌충우돌 인생 이야기를 읽는 학생들과 독자들이 자신의 진로를 고민하는 와중에 조금이나마 위로와 위안을 받길 바란다. 아울러 스스로 진로를 디자인하는 데 도움이 되면 좋겠다.

이제부터 펼치려는 인생 3막의 무대에서 나는 '재능디자이너'라는 새로운 직업을 꿈꾼다. 내가 품은 재능디자인 전문가로서의 꿈을 책 뒤편에 간략히 밝혔다.

《이제는 대학이 아니라 직업이다》라는 책으로 그동안 분에 넘치는 사랑을 받았다. 꾸준하게 읽어준 독자 여러분, 내 삶을 지지해준 가족, 진로 도서 시리즈를 완성하기까지 지지해준 생각비행 출판사, 그리고 다양한 도움을 준 모든 분께 감사의 마음을 전한다.

새로운 도전을 하면서 학생과 학부모 그리고 후배 진로진학상담교사에게 충심으로 외친다. "이제는 진학이 아니라 진로"라고!

영종도 은골 서재에서

손영배

차례

CHAPTER 4 진로진학상담교사로 전공을 바꾸다

CHAPTER 5 또 다른 세상을 향해 도전하다

CHAPTER 1

올챙이 시절, 내가 경험한 세상

1
토끼몰이로 배운 협업과 나눔

땅땅땅땅땅땅!

"야, 몰아, 아래로 몰라고!"

와아아아아!

눈 내린 추운 겨울, 동네 뒷산에서 아이들이 간격을 넓게 두고 신나게 냄비를 두들기며 토끼를 아래로 몰았다.

앞다리가 짧은 토끼에게 언덕을 내려오는 일이 쉬울 리가 없었다. 죽어라 달리던 토끼가 데구루루 구르며 저절로 그물망 안으로 빨려 들어갔다.

"잡았다~!"

신이 난 아이들은 보무도 당당하게 당연한 것처럼 우리 집으로 향했다. 눈과 흙으로 범벅이 된 얼룩진 얼굴과 옷꼴을 하고도 나는 가슴을 내밀며 어머니 눈앞에 토끼를 들어 올렸다.

"우리가 토끼를 잡았어요. 볶아주세요!"

자기보다 빠른 토끼를 잡았다는 기쁨과 자부심에 들뜬 눈을 반짝이는 열 살배기 아들이 내민 토끼를 보며 어머니는 어떤 생각을 했을까.

지금이야 짐작하고도 남지만 살아 움직이는 토끼를 요리하는 일이 어머니라고 쉬울 리 없었을 텐데, 당시 내 머릿속은 잠시 후면 맛볼 토끼고기 외에 다른 것을 생각할 수 없었다.

'오늘은 고기 먹는 날이다!'

요리 솜씨 좋기로 소문난 어머니는 집 뒤쪽으로 토끼를 가져가셨고, 잠시 뒤에 뚝딱 만들어질 토끼고기 볶음을 아이들은 연신 침을 꼴깍 삼키며 기다렸다. 당시엔 그 시간마저 왜 그리도 길게 느껴졌을까.

잠시 후 젓가락을 들고 기다리던 우리 앞에 놓인 요리는 한참 크는 아이 대여섯이 먹기엔 터무니없이 적었지만, 같이 힘들게 사냥을 마친 우리에게 그건 가슴을 뿌듯하게 채우는 전리품이자 보상이었다.

겨울철 먹을 것이 흔하지 않던 그 시절, 힘겨운 토끼몰이 속에서 우리는 협업과 나눔의 소중함을 몸으로 배웠다.

그렇게 허기를 달래고 우리는 토끼고기의 힘으로 다시

집 밖으로 몰려 나가 패를 가르고 전쟁놀이를 하곤 했다.

날이 바뀌면 전쟁놀이의 팀원도 가위바위보로 다시 바꿔곤 했지만, 그 많은 싸움에서 나는 자주 골목대장의 자리를 차지했다. 그때 골목대장으로서 아이들을 이끈 경험이 학교생활은 물론 사회인이 되어서도 든든한 직장생활의 밑거름이 되었다.

2

친구의 주먹으로 배운 쓴맛과 평화

비록 골목대장으로 이름을 날린 나였지만 힘이 센 것은 아니었다. 아이들은 내가 몸이 좋다고 골목대장을 시킨 것이 아니었으니까.

나는 나보다 나이 많은 아이들과 곧잘 어울렸다. 토끼몰이도 형뻘인 아이들과 어울려 몰곤 했고, 전쟁놀이도 마찬가지였다. 그만큼 나는 친화성 내지는 붙임성이 좋은 편이었다. 동급생보다 형들과 노는 편이 훨씬 재미있었다.

그러나 전쟁놀이를 잘한다고 실제 싸움을 잘하는 것은 아니다. 남자아이치고 자라면서 싸움 한 번 안 해본 사람은 없을 것이다.

지금도 남자아이들은 넘쳐나는 남성호르몬을 핑계 삼아 학창 시절 내내 반이 새로 배정될 때면 서열 정리부터 하곤 한다.

그날도 어쩌다 시비가 붙었는지 기억은 잘 나지 않는다. 어쩌다 보니 언성이 올라갔고, 주먹이 올라갔다. 나보다 상대의 주먹이 빨랐고, 나는 그 주먹에 코를 맞았다.

"어, 어! 영배 코피, 코피 났다아~!"

주변을 둘러싸고 있던 아이들이 이렇게 외칠 때 나는 손등으로 코밑을 쓱 훑었다. 손등에 묻은 내 소중한 코피에 심장이 덜컥 내려앉았다.

"코, 코피? 으앙!"

그것으로 싸움은 끝이었다. 역시 싸움엔 '선빵'이 중요했다. 나는 싸움을 시작도 안 했는데 상대가 휘두른 주먹 한 방에 흘러내린 코피로 우리 사이의 전쟁은 막을 내렸다. 그때 처음으로 인생의 쓴맛을 보았다. 전쟁이나 싸움이란, 할게 못 되는 것이라는 사실도 깨달았다.

만약 내가 선빵을 날려서 상대가 코피를 흘렸다면 나는 인생의 쓴맛을 몰랐을까? 기는 놈 위에 걷는 놈, 걷는 놈 위에 뛰는 놈, 뛰는 놈 위에 나는 놈이 있는 게 인간 세상이다.

어느 순간이든 인생의 쓴맛을 보았을 테니, 나는 일찌감치 쓴맛을 본 것이 차라리 다행이라는 생각을 훗날 했다. 싸움을 한 그날 이후 평화의 중요성을 깨달았다면 지나친 합리화일까?

어쨌든 지금의 나는 불필요한 갈등을 싫어하는 평화주의자다.

3

부모님이 원한 진로와 다른 내 속마음

“영배야, 너는… 그냥 다른 생각 말고 사대師大나 가라.”

순둥이였던 나를 잘 알았던 중학교 시절 담임교사는 내게 사범대학에 가서 교사를 하는 편이 좋겠다고 조언했다.

당시 시골에 있던 아이들 중에 내 성적이 비교적 좋았기에 가능했던 조언일 것이다.

"저는 비행기 조종사 할 건데요…."

이유 없는 반항이었다. 뭘 알고 비행사를 꿈꾼 건 아니었다. 리처드 바크의 《갈매기의 꿈》을 읽고 "가장 높이 나는 새가 가장 멀리 본다"라는 말에 가슴이 두근거리기도 했고, 어쩌다 하늘을 가로지르는 비행기를 볼 때마다 저 큰 덩치의 쇳덩이가 공중을 날아다닌는 게 신기했고, 그걸 조종하는 게 멋지다고 생각했을 뿐이었다.

지금도 보관하고 있는 중3 시절 진로적성검사 '결과 기록카드'를 보면 나는 인문계 계열로 교사직이 제1적성으로, 봉사직이 제2적성으로 나왔다. 나는 공과대학교를 졸업하고 회사에서 직장생활을 하다 결국엔 교직에 몸담았다. 진로적성검사 결과, 그리고 아버지와 담임 선생님은 애초부터 한곳을 가리키고 있었는데 당시에는 왜 그걸 몰랐을까?

그렇게 비행사는 내 꿈이 되었다.

나름 열심히 공부한다고 했지만 훗날 정말 진로를 정해야 하는 순간, 내 성적으로 공군사관학교를 가는 것이 언감

학교	공주중	3 학년
이름	손영배	6반 36번

직업 진학 적성검사

결과 기록 카아드

서울대학교 문리과대학 심리검사 연구실

우리는 장래 자기가 어떤 학교로 진학하면 좋을지, 그리고 또 어떤 직업을 택하는 것이 좋을지 망서리게 됩니다.

이 검사는 여러분이 장차 어떤 학교에 진학해서 어 … 은가를 알수 있게 되어 있읍니다.

여러분이 이 검사를 하시고 그 결과를 참작해서 진 … 시기 바랍니다.

그리고 아무리 적성이 있더라도 노력을 해야 합니 … 힘껏 공부해서 장래 훌륭한 사람이 되어 이 나라 이 … 되어 주기 바랍니다.

한국학력개발

적성 분류 기준표

지능검사			검사 1 (산수추리)	검사 2 (계산)	검사 3 (도형추리)	검사 4 (도형구성)	검사 5 (국어문제)	검사 6 (문맥이해)	적성판정
IQ.			-2	0	0	-2	3	3	
계열별	인문계		+1	−1	−1	−1	+2	+2	제1적성
	사회과학계		+1	+1	0	0	+2	+2	
	이학계		+3	+3	+2	+1	0	+1	
	공학계		+2	+2	+3	+2	0	+1	
	의학계		+2	+2	+1	+1	+1	+1	
직종별	전문직	문	+1	+1	0	0	+3	+3	
		이	+3	+3	+2	+2	+1	+1	
	관리직		+1	+1	0	−1	+2	+2	
	교사직	초	+1	+1	0	−2	+1	+2	제1적성
		중	+2	+1	0	−1	+1	+2	
	사무직		+1	+1	0	0	+2	+2	
	판매직		+2	+1	−1	−1	+2	+2	
	봉사직		0	0	−1	−1	+2	+2	제2적성
	기술직		+2	+2	+3	+1	−1	−1	
	기능직		−1	−2	−1	−1	−1	0	
	농수산직		+1	+1	+1	+1	−1	−1	

계열·직종해설

인 문 계——어문과학계, 인문학계(철학, 종교학, 인류고고학, 史學등)
사회과학계——법학, 정치학, 행정학, 외교학, 상경학, 경영학, 관광개발학, 사회사업학, 신문방송학, 심리학, 교육학, 비서학
이 학 계——수학, 응용수학, 통계학, 물리학, 생물학, 화학, 지질학, 천문학, 식품영양학, 농가정학
공 학 계——기계공학, 전기공학, 토목공학, 건축공학, 섬유공학, 전자공학, 항공학, 조선공학, 농공학, 어로학, 항해학
의 학 계——의학, 치의학, 수의학, 식물병리학, 한의학, 제약학, 농약학, 간호학
전 문 직: 학자, 의사, 법관, 저술가 등
관 리 직: 기업체중역, 기관장 등
사 무 직: 회사원, 공무원, 일반사무원 등
판 매 직: 판매원, 소·도매상, 증권대리인 등
봉 사 직: 경찰관, 이발사, 미용사, 관광안내원 등
기 술 자: 기계, 전자, 건축, 토목 기술자 등
교 사 직: 초, 중, 고등학교 교사
농수산직: 농업, 축산업, 수산업 등

나는 진로적성검사 결과와는 다른 선택을 하여 공과대학에 진학하고 회사원이 되었다. 그런데 결국엔 교사로 전직하고 교직에 몸담아 일하면서 글을 쓰는 작가로 데뷔했다.

생심이라는 사실을 알게 되면서 꿈도 비행기를 따라 하늘 저편으로 사라졌다.

꿈을 접은 이유에는 정보 부재가 한몫했다. 지금이라면 컴퓨터로 해당 직업이나 진로를 찾아보고, 필요하면 진로 교사 상담으로 정보를 얻을 수 있는 통로가 다양하지만 당시엔 모르는 게 당연할 정도였다.

시대를 막론하고 정보는 힘이다. 오죽하면 무협소설 속에도 '개방'과 '하오문'이라는 정보 단체가 등장할까. 내가 진로를 정하던 시절에 가장 아쉬운 것이 정보였지만, 지금은 넘쳐나서 잘 골라내야 하는 시대가 되었다.

당시에는 이루지 못한 꿈이었지만 지금에 이르러 나는 꿈을 반쯤은 이루었다고 생각한다.

직접 비행기를 타고 조종하는 것은 아니지만 가보지 못한 길에 대한 미련이 잠재의식 속에 남아 있었기 때문인지, 드론을 공부하면서 무인비행기인 멀티콥터 조종자 자격증을 취득하고, 다음 단계인 드론 지도조종자 자격증까지 취득하여, 드론으로 자유롭게 영상을 촬영할 수 있으니 '지상에서 높이 날아가 멀리 보는 꿈'은 결국 이룬 셈이다.

4

고교 시절,
농구에 빠지다

초등 시절, 아니 우리 때는 국민학교였다. 당시 1등은 쉬웠다. 그러나 중학교에 들어서면서부터 나는 그냥 넘기 벅찬 커다란 벽을 맛봤다.

초등학교 교사였던 아버지가 학교를 옮기실 때마다 나도 전학을 다녀야만 했다. 중2 시절, 시골에서 도시 공주로 인사 발령이 난 아버지를 따라 학교를 옮겼다.

그 시절엔 중학교에서부터 학생들의 우열을 가렸다. 새로 옮겨간 학교에는 열두 개 반이 있었고, 그중에서 내가 들어갈 반을 골라야 했다.

"영배야, 너는 어느 반을 갈래?"

"특별반이요."

나는 당당하게 공부 잘하는 특별반에 넣어달라고 요구했다. 시골 중학교에서 받은 성적은 뛰어난 편이었지만, 전입 상담교사는 고개를 저으며 극구 말렸다.

"여기는 네 생각처럼 만만치 않단다. 시골과 다르게 특수반에서 공부하면 견디기 힘들 거야."

당시 유행하던 말이 있었다.

하면 된다.

그 말을 믿은 나는 내심 생각했다. '사나이가 말이야, 쫀심이 있지. 감히 내 자존심을 건드렸어.'

오기가 발동하여 생각을 굳힌 나는 당당하게 특별반에 넣어달라고 요청했다. 결국 원하는 대로 들어갔지만 전입 상담교사의 우려는 현실이 되었다.

당시 학교에서는 매월 시험을 치르고 결과를 1등부터 100등까지 방榜으로 붙여놓았는데, 첫 월례 시험에서 99등을 한 것이다.

촌놈 취급받기 싫어서 나름 더 열심히 공부했는데, 특별반 정원 60여 명을 넘어도 한참 넘겨 결국 특별반에서 꼴찌가 내 첫 성적이었다. 자존심이 바짝 마른 쿠키처럼 와사삭 부서져 내렸다.

그날, 그동안 놀기만 하던 중1 때까지의 생활에 막을 내렸다. 의자에 접착제라도 바른 것처럼 붙어 앉은 채 나의 열공이 시작됐다.

그 결과 다음 시험에서 50등, 그다음 달은 40등, 그다음 달은 20등, 그러고는 마침내 전교 4등으로 졸업하는 기염을 토했다. 그렇게 자존심을 회복하고, 가고 싶은 고등학교에 진학할 수 있었다.

하지만 하늘 위에 하늘이라고 했던가. 고등학교 시절은 더 만만치 않았다. 중학교 시절과는 차원이 달랐다.

개천에서 용 났다는 친구들이 모인 선발 학교여서 그런지 성적이 쉽게 오르지 않았다. 나는 경쟁 속에서 쌓이는 스트레스를 내내 농구로 풀었다. 조금만 더 했으면 농구 선수로 나가도 되지 않을까 싶을 정도로 했다. 그만큼 우울한 시절이기도 했다.

하지만 인생은 정말 어디로 튈지 모르는 개구리 같다. 이 시절 농구로 키운 체력은 훗날 직장생활과 해외 업무 현장을 버티는 든든한 밑거름이 된다.

CHAPTER 2

우물 밖으로 튀어 나간 개구리, 팔딱거리던 생활

1

대학 생활,
전공보다 테니스

비록 고교 시절 내내 농구에 몰두했다지만 나는 소위 범생이였다. 공부를 포기한 건 아니었기에 다행스럽게도 대학 문턱은 넘었다.

"심봤다!"

성적에 맞춰 기계설계공학과에 입학하긴 했지만, 정작 나는 전공이 아닌 다른 것에 꽂혔다. 고교 시절 기른 체력 덕분에 관심을 두게 된 테니스는 내 인생의 기연奇緣이었다.

어느 정도로 몰두했는가 하면, 전공 서적은 원서로 읽지 못하면서 취미로 시작한 테니스에 관한 내용은 원서로 술술 읽을 정도였다.

전공 시험을 안 보고 대학 생활을 할 수는 없는 터라 시험을 통과하기 위해 서둘러 전공 서적 번역판을 구해야 했다. 책을 사기 위해 기차를 타고 부산까지 갔다 오는 수고를 감내하기도 했다. 그렇게 4년 동안 대학 생활의 대부분을 채운 것이 테니스였다.

남들이 전공 공부에 매달리는 동안 나는 대부분의 시간을 테니스 동아리 활동으로 만난 사람들과의 운동과 교류로 채웠다. 같이 운동하고, 밥 먹고, 운동하는 기쁨을 이야기하면서 삶에 비로소 행복이 자리 잡았다.

그때 싹틔운 행복은 예순을 넘긴 지금까지 내 인생을 풍요롭게 해주고 있다. 아들과 딸이 나에게 테니스를 배웠고,

CNUTC

공 로 패

회장 손 영 배

귀하는 CNUTC 제 6 대 회장으로써 회원 상호간의 친목을 돈독히 함은 물론 본회를 위하여 모든 어려움을 무릅쓰고 물심양면으로 헌신하여 본회의 기틀을 마련하는데 그 공이 지대함으로 전회원의 작은 뜻을 모아 이패에 담아 드립니다.

1983. 11. 26

충남대학교테니스클럽
CNUTC 회원일동

고등학교까지 모범생이었던 나는 내성적인 성격을 바꾸기 위해 테니스 동아리에 가입해 열심히 활동했다. 사회성은 기를 수 있었으나 전공 공부를 소홀히 하는 부작용(?)이 있었다.

이젠 온 가족이 같이 테니스를 친다. 이만하면 '소확행' 하나는 이룬 것 아닐까?

대학 시절 호기심으로 시작한 일본어 역시 훗날 회사에서 직무를 수행할 때, 그리고 특성화고에 재직하면서 일본과 교류할 때 아주 유용했다.

배우면 써먹는다는 옛말이 틀리지 않았다. 특히 언어는 더욱 그렇다. 나라와 인종을 불문하고 인간은 만나면 결국 말로 대화할 수밖에 없으니까.

테니스에 푹 빠져 있던 그 시절 나는 인생의 짝도 만났다. 우리는 캠퍼스 커플CC이었다.

2
차원이 달랐던 회사 생활

"다 덤벼!"

처음 현대에 입사했을 때 든 마음이 딱 이랬다. 꿈꾸던 직장인 현대그룹에 공채로 입사한 내게 세상은 만만해 보였고, 나는 스스로 슈퍼맨인 줄 알았다.

세상 무서울 게 없었다. 지금도 현대 직원이라는 착각을 할 정도로 현대맨으로서 나는 첫 직장을 사랑했다. 인서울in Seoul이 아닌 지방대를 나왔지만 자신만만했다. 원하던 직장에 입사하니 드높아진 자존감에 세상 무서운 줄 몰랐다.

하룻강아지는 절대 자신이 어떤 존재인지 모른다. 그러니 호랑이를 보고도 짖을 수 있는 것이다. 나 또한 그랬다.

첫 월급을 탄 날 어머니께 내복과 함께 월급을 건네 드리면서 당당하게 소리쳤다.

"오늘부터 돈 걱정하지 마세요, 어머니! 제가 돈 많이 벌어다 드릴게요."

웬걸…, 큰소리는 며칠 가지도 않아 헛소리로 끝나고 말았다. 그때는 그 말이 얼마나 무서운 약속인지 미처 알지 못했다. 아마도 세상의 중심이 나라고 착각했기 때문인지도 모르겠다.

그 후로 1년이 채 안 되어 나는 결혼했다. 어머니께 돈을 듬뿍 벌어다 드리기는커녕 내 손으로 지켜내야 할 가족이 생긴 것이다. 벌어놓은 재산이 없는 내게 가장으로서의 책임이란 강해져야 할 이유이기도 했지만, 다른 한편으론 세상에 주눅 드는 약점이기도 했다.

새벽 별을 보고 출근해 늦은 밤 별을 보고 퇴근하는 생활이 이어졌다. 그렇게 열심히 일하다 보니 해외 기업에서 스카우트 제의까지 들어왔다. 당연히 거절했다. 그때는 그만큼 다니고 있는 회사가 좋았기 때문이다.

다람쥐 쳇바퀴 도는 것처럼 하루하루가 똑같은 날처럼 몸 바쳐 열심히 일하던 어느 날이었다. 아침 일찍 출근한 회사가 어수선했다. 사무실 안쪽에서 고함이 쩌렁쩌렁 울렸다.

"책상 빼!"

매서운 상사의 지시 한마디에 사무실이 갑자기 어수선해졌다. 회사가 원하는 성과를 내지 못한 선배를 향한 호통이었다. 책상을 뺀다는 것은 일을 주지 않겠다는 얘기고, 달리 말해 회사를 나가라는 소리였다.

결국 그 선배는 쓸쓸히 퇴사했다. 이런 장면은 언제든 내게도 일어날 수 있는 일이었다. 거저먹을 수 있는 남의 돈이란 없다는 사실을 절절하게 체감했다. 철옹성 같았던 애사심에 커다란 구멍이 뚫렸다. 고수의 장풍보다 강한 상사의 고함에 뚫린 구멍이었다.

그런데 그 구멍 너머로 다른 세상이 보이기 시작했다. 그 무렵 일전에 스카우트를 제의했던 해외 기업으로부터 2차 제의가 들어왔다.

나는 진지하게 스카우트 제의를 받아들였다.

3

요트 타는 스위스 고졸 엔지니어

현대 입사 5년 차에 나는 인타민Intamin이라는 외국계 기업으로 자리를 옮겼다. 이직할 때 인타민은 나의 역량 강화를 위해 당시 월급 3개월치에 해당하는 교육 지원을 해 주었다.

이때 내가 원해서 받은 교육 프로그램은 데일 카네기 코스였다. 자비로 받기엔 꽤나 고급 교육이어서 선뜻 투자하

인타민 스카우트 조건으로 나는 교육 훈련을 택했다. 3개월간의 교육비 전액을 지원받아 최고의 리더십 교육 프로그램인 데일 카네기 코스를 완주하고 수료할 수 있었다. 롤모델인 데일 카네기의 가르침을 나는 지금도 잊지 않고 실천하고 있다.

기 어려웠는데, 인타민은 기꺼이 지원해주었다. 이 교육을 통해 리더십을 포함한 나의 업무 역량이 한층 향상되었고, 지금까지도 큰 도움이 되고 있다.

인타민은 세계 각지에 있는 유명 놀이기구인 유원遊園설비를 만드는 업체였다. 엔지니어라면 한 번쯤 들어가고 싶은 회사로 고급 기술을 요구하는 만큼 대우도 좋았다. 나 또한 내가 가진 기술이 없었다면 불가능했을 것이다. 나는 학력이 아닌 기술을 인정받아 입사할 수 있었다.

스위스에서는 입사에 대학 졸업장이 필요치 않았다. 그들은 학력보다 능력을 중요하게 여기는 합리주의자들이었다. 내 선임은 나이가 나보다 어린 고졸 엔지니어였다. 그는 1년에 8개월만 일하고, 나머지 날은 요트를 타거나 취미생활을 즐겼다. 물론 요트도 그의 소유였다.

고졸 엔지니어가 가진 기술과 경험만으로도 요트를 소유하고 부릴 정도로 능력을 인정받고 돈도 충분히 벌었다. 이상적인 워라밸work-life balance의 전형이었다.

그는 커다란 놀이기구인 유원설비 제작을 위한 협의회

에 홀로 참석해 1인 3역을 해냈다. 모든 진행의 결정권을 가지고 독립적으로 프로젝트를 진행할 권한이 있었다.

이에 비해 한국의 실정은 어떤가? 대기업이라 할지라도 그런 협의를 위해서는 기계담당 과장, 전기담당 과장, 대리 등이 함께 참석해야 하고, 협의회 내용의 최종 결정도 회의에 참석하지 않은 상급자 2명의 결재를 받아야 진행할 수 있었다. 이러니 저들과 우리는 일의 효율성과 속도 면에서 차이가 생길 수밖에 없었다.

"이야, 우리는 언제나 저런 일이 가능해질까?"

당시 협의회에 참석한 한국인 사이에서 나온 부러움이 담긴 한탄이었다. 스위스 기업에서는 고졸 1명이 결정하고 진행하는 일을, 우리는 대졸 내지 대학원졸 3~4명이 참석하고도 두 차례의 보고와 승인을 거쳐야 할 수 있었으니!

자괴감이 밀려왔다. 그런 기분은 나만 느끼는 것이 아니었다. 어찌 부럽지 않겠나. 그런데 이뿐이 아니었다.

그들은 식사 자리에서 1시간 내내 먹으며 많은 이야기를 나눈다. 그 와중에 소통하며 여러 가지 문제를 해결한다. 반면 우리 한국인들은 10분 만에 밥을 먹고 업무에 복귀해야 하니 식사 시간이란 급속 에너지 충전 시간에 불과했다. 산적한 문제도 자신이 아는 제한된 지식으로 처리하면서 말이다.

과연 어느 쪽이 좋아 보이는가? 내겐 식사 중에 여유 있게 대화하며 문제를 같이 모색하고 풀어나가는 방식이 훨씬 좋아보였다. 어차피 일이란 사람들의 협의로 이뤄지는 것 아니겠는가?

선임과 나는 같은 일을 했지만 내가 받는 연봉은 그의 3분의 1에 불과했다. 현대에서 받던 연봉보다 이직 후 연봉이 높아지긴 했지만, 대학까지 나온 나로서는 나름 자존심이 상했다. 결국 이를 악물고 주어진 일을 완벽하게 해내는 수밖에 없었다. 내 능력을 보여주고 인정받고 싶었기 때문이다.

그들조차 어렵다고 하는 일은 발품을 팔아서라도 해내면서 서서히 능력을 인정받을 수 있었다. 그때 스위스 엔지니어로부터 불린 별칭이 'Sunny'였고, Sunny는 어느덧 현장의 해결사가 되었다.

내가 가진 능력을 발휘하는 일에는 별문제가 없게 됐는데 정작 다른 곳에서 사달이 났다.

4
롤러코스터 꼭대기에서 삶과 죽음을 오가다

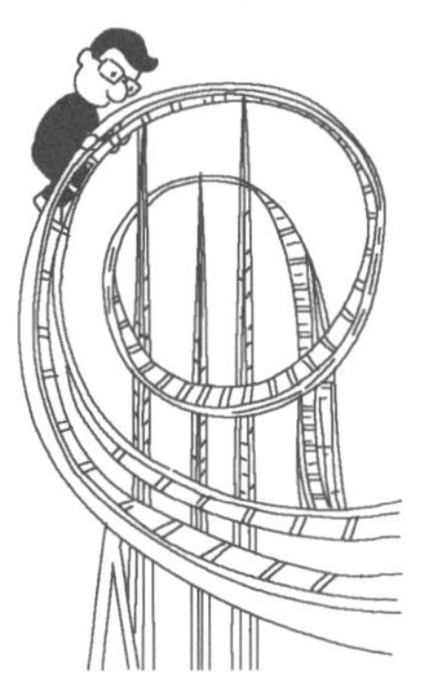

그런 문제 중 하나는 음식이었다.

한식 외에는 입에 잘 맞지 않는 내게 스위스 음식은 풀기 어려운 문제였다. 그나마 친근하게 접근할 수 있는 음식이 피자였는데, 우리나라에서 피자가 가족이나 친구들이 시켜서 나눠 먹는 간식 비슷한 개념의 음식이라면 스위스에서는 1인 1판의 식사였다.

나눠 먹을 방법도, 버릴 방법도 마땅치 않았다. 어쩔 수 없이 나는 위장으로 피자를 욱여넣었다. 그것도 하루 이틀이지 내 위장은 한계에 달했다며 살려달라고 비명을 질렀다. 김치찌개 만드는 방법이라도 배워둘 걸 하는 후회가 밀물처럼 밀려들었다.

다른 문제 하나는 가족이었다.

"이혼할 거 아니면 들어와라."

아버지의 전화에 급하게 귀국했다. 아내는 터지기 직전의 활화산 같았다. 절로 오금이 저렸다. 신혼도 없이 일에 미쳐 사는 나를 아내가 더는 봐주지 않았다. 다행히 나는 가족과 일을 저울질하는 바보짓은 하지 않았다.

부모님을 비롯해 결혼한 형제자매까지 죄다 모인 가족회의가 열렸다. 가족들은 만장일치로 내가 가족과 떨어져서 일하는 것을 반대했다. 아내는 날랜 제비처럼 내게 교사 채용과 관련된 공고를 물고 와서 들이밀며 조용히 말했다.

"이혼할 거 아니면 시험 쳐."

내가 워커홀릭으로 일에 몰두하던 시절, 아내는 첫 아이를 출산할 당시 갑자기 양수가 터져 혼자 병원에 가서 입원해야 했다. 그때의 미안함과 아찔함을 어떻게 말로 표현할 수 있을까.

어렵게 자식을 둘이나 낳고 홀로 돌보다시피 한 아내가 내뱉은 한마디는 저승사자의 그것보다 무서웠다. 그렇다고 하던 일을 바로 그만둘 수는 없는 노릇이었다.

유원설비 감리監理와 교사가 되기 위한 교육학 공부를 병행하다 보니 점검하던 놀이기구에서 깜빡 조는 일까지 생겼다.

"으헉! 휴우~ 죽다 살았네."

롤러코스터 꼭대기에서 나도 모르게 졸다가 떨어질 뻔한 일이 한두 번이 아니었다. 그때마다 심장이 철렁하고 바닥까지 떨어졌다 다시 붙었다. 손이 떨리고 다리가 후들거

렀다.

하마터면 저승 구경할 뻔했지만, 다행히 위기를 넘기고 임용고시에 통과되어 교사의 길로 들어섰다.

CHAPTER
3

교직 생활, 딱 내 적성이야!

1
제발 문 좀 열어주세요!

아내와 가족의 등쌀에 못 이겨 결국 나는 교사가 되기 위해 준교사 자격시험을 치르게 되었다. 하지만 시작은 그다지 순탄하지 않았다.

시험을 치르는 날 시험장에 도착했을 때 이미 문이 닫혀 있었다. 직장 일에 쫓긴 탓이었다. 닫힌 문을 마주한 순간

머릿속이 하얗게 변했다.

시험장에 늦는다는 건 있을 수 없는 일이지만, 아직 시험이 시작되지도 않았는데 그대로 주저앉을 수는 없는 일이었다. 이를 악물고 아주 원초적이고 무식한 방법을 썼다.

쾅쾅쾅!

"문 좀 열어주세요! 저 시험 봐야 합니다. 제발 문 좀 열어주세요!"

고래고래 고함을 지르는 나를 향해 호통이 날아왔다.

"아니, 지금이 몇 시인 줄 알아요?"

정문을 지키던 분이 고리눈을 뜨고 노려보며 시험 시간에 늦었다는 사실을 분명히 하며 질책했지만, 나는 이왕 뻔뻔해지기로 마음먹었으니 하는 데까지 해보자는 생각이었다. 면접 준비차 가져간, 스승의 날에 교육가족상을 받은

스스로 택한 師道… 보람느끼죠

스승의 날 賞받는 천동國校 孫在鉉교감 가족

아들·딸등 6명이 "선생님"

대전천동국교 孫在鉉교감 가족은 교육자가족답게 사랑과 봉사정신을 생활신조로 삼고 교육자의 길을 걸어오고 있다. 〈南貞守기자〉

『어린학생들을 가르치는게 기뻐서 교육을 천직으로 알고 살아온 것이 아들·딸들에게까지 영향을 미쳐 온 가족이 교육자의 길을 걷는 것 같습니다.』

오는 15일 스승의 날을 맞아 교육가족상을 수상하게 된 대전천동국교 孫在鉉교감(60)가족.

孫교감 가족 가운데 교육자는 무려 6명이나 된다. 孫교감이 39년을 교직에 몸담아 오고 있는 것을 비롯, 큰딸 泳娥씨(33·공주유구중)가 8년6개월, 큰사위 金日榮씨(37·공주대조교) 13년5개월, 큰며느리 邑貫熙씨(33·인천만성중) 6년2개월, 둘째아들 泳秀씨(30·대전동산중) 3년6개월, 막내딸 泳珍양(26·대전용운유치원) 2년5개월씩 각각 교사생활을 해오고 있는 것.

이들의 교육경력을 모두 합치면 자그마치 72년. 어지간한 사람의 한평생보다도 더 긴 경력이다.

교단경력 모두 합치면 72년
봉사·희생정신 가장 중요시

아들·딸들이 아버지와 같은 길을 걷게 된 것은 孫교감의 영향이 매우 컸다. 어렸을때부터 진정한 교육자로서 자신의 몸을 돌보지 않고 어린 아이들을 가르치는데 혼신의 힘을 다해온 모습을 보아왔기 때문. 그래서 자신들의 남편과 아내도 교육자를 선택하게 됐다.

사람다운 사람을 만들기 위한 인성교육과 마음과 정신이 올바른 건강인 육성을 자신의 교육지표로 삼아온 孫교감. 그는 자식교육만큼은 혹독하리만치 매우 엄했다. 남들처럼 자유분방한 복장을 하지 못했음은 물론 행동도 함부로 할 수 없었다는 것이 아들과 딸들의 공통적인 의견이다.

언제나 밝고 화목하게 살며 교육에의 정열이 용솟음치는 孫교감가족이 가장 먼저 생각하는 것은 「남을 위해 무엇을 할 수 있나」하는 봉사정신이다.

이런 바탕이 있었기 때문에 孫교감이 교육자의 길을 가라고 강요하지 않아도 스스로 교직을 택했는지 모른다.

『어렸을때부터 아버님이 강조해온 봉사·사랑정신이 은연중에 싹터 교육자의 길을 택한 것 같다』고 둘째아들 泳秀씨는 말한다.

교사가 촌지봉투를 받았다는 등의 교육사회를 헐뜯는 각종 비난이 빗발쳐도 孫교감네 같은 교육가족이 있는 한 우리 사회의 미래는 밝으며 그들은 이 사회의 근간이 되리라 믿어 의심치 않는다.

〈金基先기자〉

《중도일보》 1995년 5월 14일

우리 집안은 아버지를 비롯하여 동생 내외 6명이 모두 교사였다. 1995년 당시 합산 경력이 72년이나 되어 스승의 날에 교육가족상을 받았다. 회사원이었던 나는 명절에 가족이 학교 얘기로 이야기꽃을 피울 때 외톨이였다. 이 신문기사는 내가 교사가 되는 데 중요한 자료가 되었고 기록의 힘을 실감하는 계기로 작용했다.

신문 스크랩 자료를 보여드리며 아버지의 뜻을 이을 수 있도록 시험 볼 기회를 달라고 사정을 이야기하며 감정에 호소했다. 그랬더니 정말 통했다! 시험장에 입실할 때 시험이 시작되었으면 시험을 볼 수 없다는 조건으로 정문을 통과할 수 있었다.

가끔은 간절함이 삶의 길을 열어줄 때가 있다. 그게 인생의 묘미가 아닐까?

2
바느질을 가르치라고?

대학 졸업 시절, 나는 교사 자격증이 없었다. 교사가 되겠다는 생각을 하지 않았기에 교육학을 이수하지도 않았기 때문이다. 그런데 어떻게 교사가 되었을까?

인생을 되돌아보면 예상을 벗어나는 변수가 많았다. 그러나 삶이 기대와 다르게 펼쳐지기 때문에 우리는 인생을 아름답다고 느낄 수 있는 것 아닐까?

내가 시험을 칠 당시 기계 분야를 담당할 교사가 아주 부족한 상황이었다. 이 때문에 한시적으로 직장생활을 5년 이상 했거나 자격증이 있을 경우 전공 과목 면제 등의 조건으로 교육학 시험만 통과하면 대학에서 교직을 이수한 준교사가 될 수 있었다.

어찌 보면 굉장히 실용적인 조건이었다. 향후 교육계가 나아가야 할 큰 방향에서 현실적인 기준을 반영하는 계기가 되지 않았을까 생각해본다.

인생의 전환기에 이렇게 나는 준교사 자격을 취득하고 어렵사리 임용고사에도 합격했다. 그러고는 인천에 있는 모 남자 중학교에 발령을 받았다.

사춘기 시절 왕성한 테스토스테론 호르몬을 발산하지 못해 난리가 난 악동들의 집합체, 그게 남중의 현실이었다. 어린 시절을 새까맣게 잊은 채 신입 교사가 된 내가 대기업에서 쌓은 노하우를 학생들에게 전달하기란 불가능에 가까웠다. 이런 생각이 머리를 잠식했다.

'여긴 어디? 나는 누구?'

교사가 되어 육체 노동의 강도는 줄었다 하나 정신 노동의 강도가 급상승하는 순간이었다. 거기다 기술 과목을 가르치면서 가정 과목도 가르쳐야 하는 난감한 상황이 벌어졌다. 세상에! 교육 내용에 요리와 바느질이 있었다!

생전 샌드위치조차 만들어보지 못한 내가 바느질을 대체 어떻게 가르쳐야 할지 난감했다. 이 자리가 내게 맞는 건지 진지한 고민이 시작되었다. 이때 겪은 곤란함이 내게 엉뚱한 꿈을 상상하게 하기도 했다.

"빵을 좋아하니 그냥 확, 이참에 제빵을 배워봐?"

3
내 적성을 찾아 특성화고로 GO, GO!

나도 중학교 시절을 거쳤지만 이 시절 남자아이들은 반쯤 미쳐 있다고 해도 과언이 아니다. 순한 교사들의 수업 시간에는 교실 끝에서 끝으로 공이 날아다니고, 애들도 날아다닌다.

그들의 축제에 다른 것은 필요 없다. 운동장에서 공 하나 가지고 지칠 정도로 축구를 하고 나야 비로소 안정을 찾을 정도로 혈기 왕성한 시절이 이때다.

그러나 나는 사회에서 직장생활을 하며 쌓은 노하우를 아이들에게 전하고 싶었다! 결국 특성화고등학교로 가는 것이 정답이었다. 전공을 발휘할 교육 공간이 내게도 필요했다.

그렇게 올라간 첫 학교가 청학공고(현 인천바이오고)였고, 마침내 내가 숨 쉬며 능력을 발휘할 기회가 왔다. 그곳에서 나는 아이들을 가르치며 활력을 되찾았다. 동시에 여러 가지 관련 자격증을 따기 위해 노력하며 교사로서 역량을 높이기 위해 힘을 쏟았다.

"선생님도 자격증을 따세요?"

내가 자신들과 같이 도전한다는 사실에 눈을 동그랗게 뜨며 고개를 갸웃하는 아이들도 있었다. 그들에게는 내 도전이 경쟁심을 자극하는 한 요소가 되기도 했을 것이다.

아이들을 가르치며 같이 자격증을 따는 것은 일종의 도

전이자 나 자신에게 도망갈 여지를 남기지 않겠다는 배수의 진이기도 했다.

이왕 발을 들인 교육계다. 적성에도 맞았다. 제대로 하고 싶었다. 그리하여 나는 나름대로 성공의 기준을 정하고 도전했다. 자격증 취득 과정 중에 나는 아이들이 어려워하는 지점을 알 수 있었다. 이 때문에 아이들의 마음을 이해하여 효과적인 지도가 가능했을 뿐 아니라 나 자신의 역량도 강화할 수 있었다. 말 그대로 일타삼피라고 해야 할까?

학교는 단순히 학생을 가르치는 곳이 아니라 교사도 배우며 함께 성장하는 곳이었다.

4
전국 최초로 학교기업 스타트를 끊다

'제 버릇 개 못 준다'는 말이 있다.

현대정공(현 현대모비스), 인타민 등에서 6년간 치열하게 직장생활을 하면서 몸과 정신에 새겨진 열성 회사원의 기질은 직장을 떠나면서 두고 온 줄 알았다. 그런데 아니었다. 체질화된 습관이 쉽게 사라지겠나. 그런데 이 습관은 특성화고로 옮긴 이후 내게 날개를 달아주었다.

특성화고는 학생들을 사회로 연결해주는 준비 관문에 해당한다. 특성화고의 가장 큰 고민은 아이들의 취업이다. 가르친 학생들을 이왕이면 좋은 곳에 취업시키고 싶은 게 교사의 마음이다.

기존의 교육 과정은 대부분 반복 실습 위주로 짜여 있었다. 이 때문에 학생들은 학습에 흥미를 잃었고, 기업의 요구를 반영하지 못하는 교육 과정 속에서는 그곳에서 요구하는 인재를 배출하기 어려웠다.

세상이 변하고 있는데 학교는 한발 늦는 느낌이랄까?

"그래, 이거다!"

나는 문제점을 찾아내고서 바로 실천에 돌입했다. 기업에서 직장생활을 했던 경험을 살려 학생들에게 기업가 정신 교육과 창업 교육을 시작했다. 기존의 교과 과정에 없는 새로운 시도였기에 당연히 여러 가지 어려움이 따랐지만, 뭐든 첫 시작은 그런 것 아니겠는가.

다행히 학생들이 잘 따라와 주었다. 운이 따랐는지 제1

회, 제2회 '사장되기 창업대회Be the CEO's'에서 대상을 수상했다. 학교 표창도 받았다. 비로소 나는 교직으로 전직한 의미를 찾았다. 즐겁고 뿌듯했다.

그렇게 창업 교육에 푹 빠져 있을 때 학교기업이라는 교육사업에도 참여하게 되었다. 학교기업은 학교 현장의 실습 수업을 기업 활동으로 연계하면서 학생 개인이 아닌 학교가 사업자 등록을 하고, 정식으로 학교 내에서 기업 활동을 펼치는 프로그램이다. 이윤 창출보다는 교육적 목적을 중요시한다.

전국 최초의 학교기업 프로젝트는 인천기계공고의 자동차정비 학교기업인 '스쿨모터스'를 필두로 시작되었다. 해마다 동아리 대표 학생에게는 실제 학생 CEO로서 활동할 기회를 제공한다. 그때 참여한 학생 중에서 졸업 후 자동차 정비 분야에서 역량을 발휘하며 성실한 직장인으로 활동하는 제자가 있는가 하면 진학의 길을 택한 제자도 있다.

최가람 군은 자동차과를 졸업했으나 대학을 나와야 한

다는 고정관념 때문에 진학의 길을 택했다. 계명대학교 경찰행정과에 입학한 후 성균관대학교 컴퓨터공학과로 편입하여 갈망하던 인서울 대학생이 되었다. 그는 과학수사 기법인 '디지털 포렌식Digital Forensics'에 관심이 생겨 졸업 후 컴퓨터 관련 분야 회사에 인턴으로 입사했으나 적성에 맞지 않아 퇴사했다. 진로를 고민하다 공직의 길을 선택하고 전공을 살려 경찰공무원에 도전하던 중에 (주)KCC정보통신 보안솔루션 직무로 인턴 생활을 시작했다. 그러다 도전의 기회가 생겨 정보통신(전산) 직무로 해양경찰교육원에 입교하여 해양경찰이 되었다. 사이버 수사 업무에 대한 갈망으로 진로탐색을 계속하면서 지금은 관련 지식과 경험을 쌓으며 전문가의 길을 꿈꾸고 있다. 최가람 군은 학교기업 동아리 활동 중에 체득한 기업가 정신을 토대로 전공을 살려 진로의 길을 스스로 찾아가는 도전을 멈추지 않고 있다.

학교기업 프로젝트로 시작된 스쿨모터스는 직업교육의 대표적인 성공 사례로 일본에서도 관심을 보이며 다가왔다. 인천기계공고와 자매결연을 맺고 교류하고 있는 고쿠

학교기업 성과 일본에 전파

인천기계공고, 학술대회 초청받아 사례 발표

인천기계공업고등학교(교장 최종호)가 일본 도쿄에 소재한 동경공업대학에서 지난 13~14일 이틀 동안 개최된 제7회 일본지적재산학회의 학술연구발표회에 초청돼 한국 전문계고의 학교기업 운영 우수사례를 발표했다.

16일 인천기계공고에 따르면 이번 행사는 지적재산에 관한 일본 최고의 학술발표대회로, 일본지적재산학회의 교육분과인 지적재산창조교육연구회의 초청을 받아 강연회에서 강연을 함으로써 학교기업 운영의 우수성을 일본 열도에 알렸다.

그간 학교기업을 벤치마킹하고자 하는 학교가 국내에서는 많이 있었지만 해외에서 초청받아 강연을 한 것은 작년에 이어 두 번째로 이뤄진 것.

지도조언을 맡은 최종호 교장은 강연회의 총평에서 "향후 지적재산의 귀중한 가치를 생각할 때 지적재산교육에 관한 교육이 학교기업, 특성화 등 전문계고의 교육 현장에 투입돼야만 한다"며 "일본지적재산교육연구회와의 발전적 교류가 한일 상호 발전을 위해 중요하다"고 강조했다.

김재성 기자 jskim@kihoilbo.co.kr

《기호일보》 2009년 6월 17일

인천기계공고, 일본지적재산학술발표회 참가

인천기계공고(교장·최종호)는 일본 도쿄에 있는 동경공업대학에서 13~14일 이틀 동안 개최된 제7회 일본지적재산학회의 학술연구발표회에 초청, 한국 전문계고의 학교기업 운영의 우수사례를 발표했다. 이 행사는 지적재산에 관한 일본 최고의 학술발표대회로 일본지적재산학회의 교육분과인 지적재산창조교육연구회의 초청을 받아 강연을 함으로써 학교기업 운영의 우수성을 일본 열도에 알렸다.

강연을 맡은 손영배 교사는 '미래를 준비하는 학교기업'이라는 주제로 학교기업의 설립부터 운영사례와 비전에 대한 강연에 이어 인천시내 13개 교의 학교기업 운영 활동에 대해 소개했다. 그간 학교기업을 벤치마킹 하고자하는 학교가 국내에서는 많이 있었지만 해외에서 초청받아 강연을 한 것은 지난해에 이어 이번이 두 번째다.

이환직기자 slamhj@i-today.co.kr

《인천신문》 2009년 6월 17일

일본지적재산학회 산하 지적재산창조교육연구회 학술발표회에서 인천기계공고의 학교기업 스쿨모터스 운영사례를 발표했다. 이는 일본 전문계고 교육계에서 미래 직업 교육 방향의 우수 사례로 평가되었다. 조선의 도공 이삼평처럼 나는 학교기업 우수 사례를 일본 열도에 전파하는 역할을 맡았다.

라공고의 카고하라 교장 선생님의 간곡한 요청으로 일본의 지적재산창조교육연구회 학술발표회에 정식으로 발표하여 한국의 학교기업을 일본에 전파했다.

일본과 지속적인 교류 속에서 우리는 서로의 장점을 배우고 단점을 고치는 노력을 게을리하지 않았다. 그런데 학교기업 프로젝트를 만든 우리보다 늦게 시작한 일본의 학교기업이 이제는 우리를 추월할 정도로 급성장했다. 그 저변에 카고하라 회장의 역할이 컸다고 생각한다. 그분은 고쿠라공고 교장으로 퇴임한 후에도 교사들 간에 이루어지던 교류를 학생들 간의 교류로 확장하는 데 지대한 역할을 하셨다. 그런 분이 계셨기에 일본의 학교기업이 발전했다는 사실을 부인하기 어렵다. 그분은 직업교육에 대한 애정과 열정으로 국가를 초월한 민간외교관을 자임함으로써, 내게 평생의 친구이자 롤모델이 되었다.

5
'취업 미다스의 손'이란 별명을 얻다

사회에서 몸에 밴 직무 강도와 업무 태도 때문에 나는 학교에서도 가만히 있지를 못했다.

특성화고에 와서 본 학교 현장의 모습은 참 씁쓸했다. 성적이 안 되는데 진학만 고집하는 학생이 90퍼센트나 되고, 취업은 겨우 10퍼센트 수준에 그치니 교사들도 반쯤 포기한 상태였기 때문이다. 그런데 이런 현실이 내겐 거꾸로

학교를 취업의 옥토로 바꾸기 충분한 미개척지로 보였다.

그런 내 속내를 알게 된 교감 선생님의 호응으로 우리는 힘을 합쳐 취업 태스크포스팀TFT을 만들었다. 힘을 합친 교사와 학생들의 노력이 빛을 보면서 그해 삼성중공업 협력사에 19명이 취업했다. 학교는 말 그대로 난리가 났다.

그해 내 별명이 취업의 달인, 미다스의 손이 되었다. 손만 대면 취업이 된다는 의미였다.

학생들의 취업 지도를 하면서 학부모와 학생들이 기업에 대해 가지고 있는 편견을 마주할 수 있었다. 대기업 취업만을 바라는 학부모와 학생들을 보면서 가슴 한쪽이 먹먹해졌다.

대기업은 전체 기업의 0.1퍼센트도 되지 않는다. 그런데도 모두 그곳으로 들어가고 싶어 한다. 현실을 고려하면 그건 누구나 마찬가지일 것이다. 하지만 학생들이 자신의 적성과 특성을 제대로 파악하지 못한 상태에서 무조건 대기업이 아니면 대학 진학을 하겠다는 선택에는 전혀 동의할 수가 없었다.

세상은 넓고 기업은 많다지만 사실상 학생들이 만나게 될 기업의 99.9퍼센트는 강소기업을 포함한 중소기업이다. 대기업이 아니면 눈도 돌리지 않겠다는 편견은 학생들의 창창한 인생길의 선택권을 바늘구멍 정도로 좁히는 장애물이 되고 만다.

정보의 바다에서 옥석을 가리는 능력을 키우지 못한 대부분의 학생과 학부모는 대기업에 취업하지 못하면 스스로를 패배자처럼 생각하는 것은 아닐까? 이런 우려스러운 상황이 눈앞에 펼쳐지니 고민이 깊어졌다.

'이 말도 안 되는 편견을 어떻게 바꿔야 할까?'

이것이 특성화고 교사 시절 내내 머리에 이고 다닌 고민이자 화두였다.

CHAPTER

4

진로진학상담교사로 전공을 바꾸다

1
답답했던 진로지도, 취업출구, 고정관념

"대학부터 가는 것이 정답은 아닙니다!"

나는 학부모와 학생들에게 사교육비 대비 대학 졸업 후 취업성공률을 열심히 비교설명하며 학생들이 적성에 맞는 진로를 찾아갈 수 있도록 강연하곤 했다. 이야기를 듣는 순간에는 강당을 채운 학부모와 학생들이 고개를 끄덕인다.

공감의 표시다.

그러나 공감이 생각의 변화를 의미하는 것은 아니라는 사실을 깨닫기까지 오랜 시간이 필요하지 않았다. 아무리 근거를 대며 설명하더라도, 충분히 공감했다고 반응하더라도, 자리에서 일어나 강당 밖으로 나서는 순간, 학부모도 아이들도 고정관념으로 되돌아갔다.

"그래도 대학은 가고 봐야지!"

변화가 쉽다고 생각하지는 않았지만 시간이 지날수록 변하지 않는 학부모와 학생들의 고정관념이란 두꺼운 벽을 절감하면서 어깨가 처지고 기운이 빠지는 건 어쩔 수 없었다.

진로상담 역시 다르지 않았다. 고졸 출신이지만 직장에서 직무를 충실히 수행하는 동시에 필요한 공부도 스스로 해나가는 이른바 '선취업 후진학'을 선택한 제자들의 성공 사례가 늘어나더라도 대학 진학을 우선시하는 학부모의 고정관념을 무너뜨리기에는 역부족이었다.

학생들이 학부모와 의견을 달리하기란 쉽지 않다. 학부모의 선택이 학생의 선택이 될 만큼 학부모의 의견이 아이들의 진로 선택에 미치는 영향력은 아주 크다. 그러므로 진로상담을 할 때 학부모의 고정관념을 깨는 것이 급선무인데, 문제는 그런 변화를 끌어내기가 정말이지 쉽지 않다는 점이었다.

내게는 그 고정관념을 좀 더 빠르게 깰 방법이 절실했다.

2
꾸준히 연락하는 제자들과 소통하는 기쁨

"선생님, 저 이번에 영국으로 어학연수 떠나요."

학창 시절이 한참 지났는데도 여전히 연락하는 제자들이 있다. 좋은 소식을 들려주면 그렇게 기쁘고 뿌듯할 수가 없다. 나의 진로지도가 헛되지 않았다는 사실을 그들이 삶으로 증명하는 것이니까.

처음에는 제자들을 상담하여 직장에 들여보낸 뒤 사후관리를 했지만, 지금은 그들이 간간이 보내주는 연락을 받으면서 내가 사후관리를 받고 있다는 느낌이다.

"선생님 말씀 듣지 않고 대학부터 갔더라면 경제적으로 많이 힘들었을 거예요. 그런데 선생님 덕분에 힘들지 않았어요. 선생님의 노력이 헛되지 않았어요. 그러니 힘내세요!"

꼭 이렇게 말해주는 느낌이랄까?

졸업 후 사회인으로 당당히 자리매김하여 잘 살고 있는 제자들의 삶은 내가 진로지도를 힘있게 할 수 있는 힘이 되어 주었다.

학창 시절 말썽꾸러기였던 김시현 군은 제1공수부대 특전부사관이 되기 위해 도전을 거듭했다. 수없는 훈련을 거쳐 역전의 용사가 된 그에게 자이툰 파병의 기회가 찾아왔다. 이라크의 평화 재건 현장에서 삶의 고단함과 인내의 중요성을 깨달은 그는 제대 후 사업을 시작하며 실패를 맛보기도 했다. 하지만 군 생활으로 단련된 칠전팔기 불굴의 정신으로 피트니스 사업을 시작하여 헬스 트레이너로 거듭났다. 코로나19 팬데믹 상황 속에서도 철저한 방역으로 피트니스센터를 관리하고 운영하며 사업을 안정화시켰다. 특전사를 지망하는 후배들에게 경험을 나눠주고, 지역에서 봉사활동과 재능기부를 아끼지 않는 그는, 모교가 아니라 내가 전근으로 학교를 옮겨 근무하는 학교 학생들에게 매월 적지 않은 장학금을 후원하는 선행을 베푸는 귀한 제자다.

졸업하기도 전에 삼성중공업에 취업한 박태준 군은 군대 가기 전에 1000만 원을 저축했다며 학교로 찾아와 자랑할 정도로 직장생활에 충실했다. 틈날 때마다 여행을 다니더니 두 권의 책을 써서 여행작가가 되기도 했다. 그는 선취업 후진학의 롤모델이기도 하다. 삼성중공업에 다니면서 사내대학 제도를 활용해 부산대학교를 졸업하고 교사의 꿈을 꾸면서 교육대학원에 도전했다. 그러더니 "선생님, 합격했습니다~ 면접 때 선생님 같은 훌륭한 교사가 되고 싶다 하니 좋은 결과가 생겼습니다~" 하고 합격 소식을 접하자마자 문자를 보내 나를 행복하게 해주었다. 지금은 육아휴직 중인데도 낮에는 아이를 돌보고, 밤에는 대학원에 다니면서 짬짬이 공부하여 '기능장 시험'에 합격했다는 소식까지 접하니 어찌 기쁘지 않겠는가.

이 둘 외에도 제자들이 내 말을 믿고 취업을 선택한 뒤 환한 미소를 띠며 찾아왔을 때, 그 뿌듯함이란 말로 표현하기 어렵다. 선취업 후진학으로 역량을 기르면서 거칠고 험한 세상에 든든하게 뿌리를 내리고, 알찬 열매를 맺는 모습은 언제나 내 심장을 두근거리게 한다. 이런 기쁨을 무엇에 비교할 수 있을까?

예전에 마라톤을 즐긴다는 50대 남자분과 이야기를 나눈 적이 있다. 그분은 평일 직장 업무를 끝내면 적어도 4킬로미터, 주말에는 10킬로미터를 뛰는 계획을 세워 몸

교육대학원에 두 번째 도전을 하고 면접시험에 합격하자마자 보내온 제자의 카톡.

을 단련하면서 대회를 준비한다고 했다. 그러고는 대회 때 42.195킬로미터를 완주하는 것이다.

나도 달리기를 좋아하지만 감히 마라톤을 시도하지는 못한다. 그는 왜 그렇게 마라톤에 집중하는 걸까?

"마라톤을 하며 한계점을 넘어 달리다 보면 어느 순간 희열이 찾아와요. 그건 말로 표현이 안 돼요."

그가 웃으며 하는 말에 나는 깊이 공감했다. 나 역시 테니스란 운동을 하며 그와는 다른 방법으로 희열을 느끼고 있으니까. 사회에 진출한 제자들이 활기찬 목소리로 전해주는 소식 역시 그런 황홀한 기분을 느끼게 해준다.

3

세상에, 내가 책을 쓴 저자가 되다니!

나는 지금까지 직무를 일곱 번 갈아탔다. 이 말은 내가 인생에서 그만큼의 새로운 선택을 했다는 말이다. 그중 잘한 일은 일반 회사원에서 교사가 된 것, 공업계고 기계전공 교사에서 진로진학상담교사가 된 것, 그리고 책을 쓰기로 마음먹고 평범한 교사에서 진로 전문 작가가 된 것이다.

이 모든 것 중에서 제일 잘한 선택은 책을 쓰기로 마음먹고, 책을 출간한 것이라고 생각한다.

"세상에, 내가 책을 썼어!"

첫 책을 냈을 때의 소감이다.

솔직히 내가 책을 쓴 작가가 될 줄은 몰랐다. 그런 내가 책을 써야겠다고 의식한 계기는 앞서 언급한 것처럼 강연 때마다 마주하는 학부모와 학생들의 고정관념이라는 거대한 벽이었다.

아이들을 취직시키면서 분석하고 정리한 자료들이 세월을 따라 켜켜이 책상 위에 쌓였다. 아이들이 취업하기까지 모든 정보가 담겨 있는 그 자료는 내가 같이 고민하고 손때가 묻도록 뒤적인 세월의 흔적이 새겨진 자료였기에 함부로 버릴 수가 없었다.

내겐 너무나 소중한 자료인데 그대로 쌓아둘 수도 처분할 수도 없어 안타까웠다. 오래도록 자료를 두고 궁리에 빠졌다. 그러다 머릿속 꼬마등이 반짝 켜졌다.

"이걸로 책을 써볼까? 그럼 누군가에게 필요한 정보가 될 수 있지 않을까?"

생생한 사례를 나눌 수 있으니 학부모와 학생들에게 도움이 될 테고, 내게는 새로운 도전이 된다는 점에서 일거양득 아닌가? 그렇게 시작한 책쓰기였다. 결심하기까지는 시간이 걸리지 않았지만, 막상 글을 쓰려니 앞이 깜깜했다. 보고서나 기획서만 써봤지, 생전 책을 쓴다는 생각을 못 했기 때문이다.

학창 시절 독서는 좋아했지만 글쓰기가 싫어 이과를 선택한 나다. 교과서 집필 활동에 참여해본 경험은 있다지만 내 이름으로 나오는 단행본 집필은 처음이었다. 책을 쓰기 위해 뭐라도 준비가 필요하겠다는 생각에 이상민 작가가 운영하는 글쓰기 강좌에 참여했다.

주말마다 인천에서 서울을 오가며 글쓰기에 대한 기본기를 닦았다. 학부모와 학생들의 고정관념을 깨겠다는 의지의 발로로 무모하게 시작한 일이었는데, 이상민 작가가 자꾸 엄지를 치켜들며 칭찬을 거듭해주자 자신감이 솟았다. 칭찬은 고래도 춤추게 한다더니 진짜로 그랬다. 나는 고래라도 된 양 세상의 물결을 차고 펄떡 뛰어올랐다. 취업 관련 자료를 다시 조사하고, 그 사이사이를 경험으로 채웠다. 학생들의 진로상담을 하며 느낀 점도 끼워넣었다.

그렇게 발간된 《이제는 대학이 아니라 직업이다》가 쇄를 거듭하더니, 생명력을 얻어 나를 여러 강연으로 인도했다. 책 출간이라는 새로운 도전이 싹을 틔우더니 무럭무럭 자라서 잎을 펼치고 꽃을 피우고 열매를 맺었다.

독자들의 꾸준한 사랑을 받은 그 책은 현재 3판까지 출간됐다. 이 책의 자매책이라 할 수 있는 《진로독서 워크북》도 3판까지 출간했다. 그 밖에 《이제는 대기업이 아니라 강소기업이다》와 진로독서 책인 《청소년을 위한 300프로젝트》도 꾸준히 읽히는 진로 분야 도서로 자리매김하고 있다.

4

재능을 찾고 나부터 성장하자!

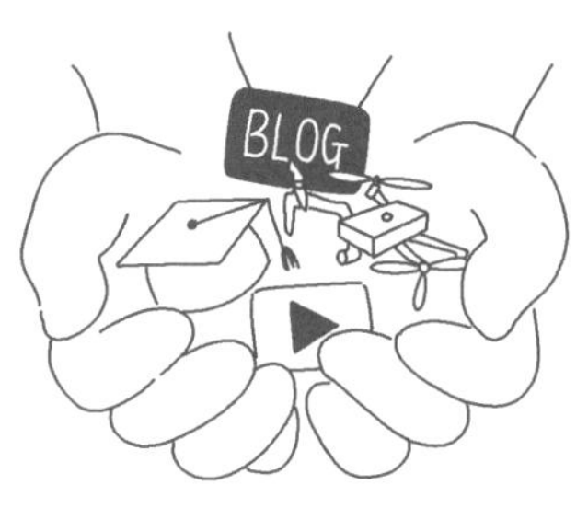

직장생활을 하는 사람에게 자기계발은 필수다. 경쟁이 일상화된 세상에서 자신의 가치를 올리기 위해 지금도 많은 사람들이 자기계발에 열을 올린다. 어떤 사람은 외국어를 습득하기 위해 열을 올리고, 어떤 사람은 전공 분야의 새로운 지식을 배우기 위해 열을 올린다.

나 역시 예외가 아니었다. 힘든 직장생활 때문이었는지

나는 능력을 향상해야 한다는 생각이 일종의 습관이 되어 있었다. 하지만 자기계발 과정이 늘 즐거울 수는 없는 노릇이다. 그렇지만 나는 끈기 있게 의자에 앉아 있는 것도 일종의 능력이라 생각하며 스스로 파이팅을 외치며 성장하기 위해 노력했다.

전직하여 교사가 된 이후에도 이 부분만큼은 달라지지 않았다. 교사 또한 자기계발이 필요했다. 많은 교사들이 자신의 능력을 향상하기 위해 방학을 이용해 교육과 직무연수에 매달린다.

나 역시 그랬다. 처음부터 교사가 아니었으니 다른 교사보다 모자란 부분이 더 느껴졌다. 그 공백을 채우기 위해 교육대학원에 입학했다. 선택의 결과로 대학을 졸업한 지 12년 만에 교육대학원에서 석사 학위를 취득했다. 배움의 갈증은 석사 이후 13년 만에 박사 학위 취득으로 해소할 수 있었다.

교직에 몸담고 하루하루 열심히 생활하는 사이 사회는 급변했다. 언론은 4차 산업혁명 시대가 도래했다고 대서특

특성화고 학생들을 지도하기 위해 대학 졸업 후 12년 만에 교육대학원에서 석사 학위를, 그 이후 13년 만에 박사 학위를 받았다. 나는 살면서 일곱 번 직무를 갈아타며 평소 학생들에게 강조한 평생학습의 롤모델이 되고자 노력했다.

필했다. 그런 흐름에 발맞춰 특성화고에서 학생들을 지도하기 위해 나는 드론 교육지도사, 드론 조종자, 드론 지도조종자(드론 교관) 등의 자격증도 취득했다.

내가 그동안 쌓은 경험으로 볼 때 무조건 대학 진학부터 하는 것은 정답이 아니었지만, 특성화고 학생들까지 대학 진학을 목표로 공부하는 현실이 눈앞에 있었다. 이건 아니다 싶어 내 생각을 전달하기 위해 열심히 강연에 임했고, 이윽고 글쓰기에도 도전했다.

나는 학생들에게 자기 능력을 계속 향상해야 한다고 가르친다. 그 말을 증명하기 위해 나 자신을 단련한 결과 언제부턴가 블로거와 유튜버로도 활동하고 있다. 하나의 능력을 기르면 그 결과 또 다른 능력이 생기는 느낌이다. 이처럼 재능을 찾고 향상하는 것은 평생교육 시대를 살아가는 사람이라면 필수적인 일이 아닐까?

5
도전의 근력을 만드는 습관, 300프로젝트

"이놈아, 책 좀 읽어!"

초등(국민)학교 시절 아버지의 잔소리는 늘 책을 읽으라는 것이었다. 이 시기에는 어쨌거나 책을 읽긴 했다. 하지만 중학교에 진학해서는 간신히 성적에 반영될 필독도서 정도만 겨우 읽은 듯하다.

내가 지금까지 살면서 가장 후회스러운 일을 꼽으라면, 바로 '책을 많이 읽지 않은 것'이다. 책을 쓰는 작가의 입장이 되고 보니 어휘력과 문장력의 한계를 절감했다. 과거에도 그랬고 현대에도 마찬가지로 '독서'는 힘이다. 아울러 인생의 등불이 되어줄 황금알을 낳는 좋은 습관이라고 생각한다.

세상을 제대로 알고 싶은가? 세상이란 높은 파도를 헤쳐 나갈 힘을 얻고 싶은가? 그렇다면 책을 읽어라. 독서는 생각의 폭을 넓히고 깊어질 수 있는 가장 손쉬운 '방법'이고, 세상을 내다보는 '창'인 동시에 진짜 공부를 하게 해주는 강력한 '수단'이다.

무협소설을 보면 경공술을 펼치며 하늘을 나는 주인공을 비롯해 수많은 무인들이 강해지기 위해 호흡법과 심법으로 몸을 단련하며 내공을 쌓는다. 호흡법이나 심법도 죄다 책으로 된 비서秘書에 담겨 있다. 독서를 많이 할수록 내공을 쌓을 기회는 그만큼 많아진다.

현실 역시 다르지 않다. 우리는 '독서'로 세상을 마주할 실질적인 능력을 쌓을 수 있다. 지금 세상에는 온갖 정보가 넘쳐난다. 그중엔 가짜도 많다. 독서는 진짜와 가짜를 가려낼 수 있는 심안心眼을 길러준다. 관심을 둔 일이 있다면 역시 독서를 통해 정보를 파악하여 실력을 쌓는 계기를 만들 수 있다.

나는 글을 쓰면서 읽은 책이 학창 시절 읽은 책보다 훨씬 많다. 좀 더 어렸을 때 왜 책을 안 봤을까 후회하며 읽었다. 사실 내가 쓴 책에 나오는 예화의 대부분은 초등학교 이전에 읽은 책에서 착안한 것이다. 그러니 학부모와 학생들에게 쉽고 친근감 있게 다가갈 수 있지 않았을까? 술술 잘 읽힌다는 독자의 반응은 칭찬이겠지만, 나 스스로는 그대로 받아들이기에는 좀 아이러니한 상황이다.

세상은 정말 너무 빠르게 변화하고 있다. 어떤 책을 읽어야 할까 고민이 들 수도 있겠다. 빠르게 변화하는 인공지능 시대에 딱 맞게 독서를 도와주는 책이 있다. 《청소년을 위한 300프로젝트》가 바로 그 책이다. 인공지능 중심의 미래 사회에서 인류가 당면한 문제를 찾고, 해결 과정을 도출하는 것이 현재 교육 과정에 주어진 핵심이다. 일독을 권한다.

CHAPTER

5

또 다른 세상을 향해 도전하다

1
진로진학상담교사에서 N잡러로

대중예술고(전 인천하이텍고)에서 근무할 당시 학과 개편의 필요성을 느꼈다. 드론학과를 신설하는 데 참여하면서 나는 드론 자격증에 도전했다.

"아, 게임 좀 하고 살걸…."

드론 조종을 연습할 때 나는 아이들의 뛰어난 게임능력이 부러웠다. 드론은 조이스틱을 조작해 조종하는 방식이기 때문이다. 나는 자식에게 게임 좀 그만하라고 잔소리를 해댔는데, 시대가 변하면서 잘 노는 것이 능력이 되는 세상이 도래했다. 조이스틱 조작이 특정 분야에서 중요한 능력이 되리라고는 미처 생각하지 못했다. 그러고 보면 어떠한 기술적인 능력이라도 하루아침에 습득되는 건 없다. 반복하며 꾸준히 경험을 쌓는 과정에서 체득되기 때문이다.

평소 게임을 즐기지 않은 나는 조이스틱 조작에 익숙하지 않아 드론을 조종하는 실기능력을 갖추지 못했는데, 결과적으로 자격증 취득 과정에 큰 장애 요인으로 작용했다. 나와 달리 학생들은 이론은 약해도 드론을 조작하는 실기 분야에서는 범접할 수 없을 정도로 뛰어난 능력을 보였다. 그야말로 신기神技였다.

드론은 사실 실기가 핵심이다. 이론을 알더라도 드론을 조종할 수 없다면 말짱 꽝 아니겠는가. 그렇다고 포기하려니 자존심이 허락지 않았다. 매달리고 또 매달려 4전 5기로 겨우 자격증을 취득할 수 있었지만, 하루가 다르게 능력치가 올라가는 학생들을 따라잡기란 쉽지 않았다.

아예 드론으로 먹고살아야 한다면 상황이 달라졌을지 모르지만, 아쉽게도 내겐 그런 절박함은 없었다. 절실함이란 사람의 능력을 한계 이상으로 끌어내는 묘한 힘이 있는 듯하다. 나는 드론 조종이라는 분야에서는 그런 역량을 갖추지 못했고, 결국 한계를 절감해야 했다.

4차 산업혁명 시대를 대표하는 드론은 미래를 선도하는 신기술 중의 하나다. 그렇기에 드론 조종은 아주 매력적인 기술이라 할 수 있다. 그 매력에 빠져 나는 드론 지도조종자 자격증에도 도전한 것이었고, 숱한 난관을 뚫고 어렵사리 취득할 수 있었다. 최고 단계에 해당하는 드론실기평가사 자격취득 과정을 수료하긴 했으나 자격증 취득은 요원한 과제로 남았다.

드론 조종에 한계를 느낄 무렵, 또 다른 세상이 나를 유혹했다. 유튜브 속에 펼쳐지는 무한한 가능성의 세상이었다. 애초 드론에 입문한 목적이 드론을 잘 날려 세상을 제패하겠다는 것이 아니었다. 진로탐색보다 대학 진학을 앞

나는 유튜브 채널 '행진가TV'를 시즌11까지 운영하면서 다양한 직업진로 관련 영상을 제작하여 청소년과 학부모들에게 공유했다. 앞으로 지역의 강소기업을 발굴하고 명품학교를 방문한 뒤 구체적인 정보를 제공하는 콘텐츠 시리즈를 준비하고 있다. 한편 나는 100권의 책, 100명의 인터뷰, 100개의 콘텐츠를 공유하겠다는 목표로 오랫동안 블로그도 운영해왔다. 직업진로, 강소기업, 4차 산업혁명 관련 책과 다큐멘터리 정보를 제공하며 수많은 학생, 학부모, 진로진학상담교사와 교류해왔다. 이제는 블로그를 '재능디자인연구소'로 확대·개편하여 더 많은 분들과 소통할 계획이다.

세우는 학부모와 학생들의 편견을 깨기 위해 새로운 가능성을 열어주려는 의도였다.

유튜브는 그런 내 마음을 사로잡을 정도로 가능성이 무궁무진해 보였다. 나는 유튜브 방송에 도전하여 '행진가TV'라는 진로직업채널을 개설했다. 아직은 구독자도 많지 않고 조회수도 제대로 나오지 않는 시작 단계의 유튜브 채널이지만, 언젠가는 내 뜻을 알아주는 이들과 진로 관련 정보가 필요한 사람들이 있으리라는 희망을 품고, 유튜브에 도전하는 나에게 이렇게 말하곤 한다.

"영배야, 너도 N잡러야!"

그렇다. 나는 작가, 강연가, 칼럼니스트, 블로거, 유튜버 등 다양한 분야를 넘나드는 디지털 노마드Digital Nomad이자 크리에이터의 길을 걸으며 초연결이 기본인 디지털 세상에서 오늘도 발자국을 남기고 있다.

2

생성형 AI 시대의 진로교육, 기본은 인성이다

2011년 9월 1일 《경북매일》 신문에 올라온 글이 눈에 띄었다. 예일대학교 심리학과 석좌교수인 스타인버그가 '성공적 두뇌'에 관해 쓴 책에 나온 이야기다. 간략히 정리하자면 이런 내용이다.

똑똑이와 똘똘이가 산을 넘어가다 250미터 앞에 호

랑이가 버티고 있는 것을 보았다. 똑똑이는 학교 최고의 우등생답게 거리와 속력을 계산해 보더니 "이제 우리는 17.88초 후면 죽었다!"라고 말했다. 그사이에 똘똘이는 학교의 소문난 개구쟁이다운 태연한 모습으로 운동화 끈을 고쳐 매고 있었단다. 똘똘이의 행동을 똑똑이가 비웃으며 말했다. "네가 뛰어봤자 호랑이보다 빨리 뛰겠냐?" 그 말을 들은 똘똘이는 씩 웃으며 말했단다. "너보다만 빨리 뛰면 돼."

지금 우리 사회의 모습이 위와 다르지 않다고 생각한다. 우리 사회를 단단히 묶어주던 공동체 의식이 점점 희미해지는 느낌이다. 칠팔십 년대만 해도 '우리'라는 단어로 표현하는 것이 많았다. 우리나라, 우리 학교, 우리 집, 우리 엄마, 우리 아들, 우리 딸, 우리 생각…. 그런데 어느 순간부터 '우리'보다 '나'가 두각을 드러냈다.

바람직한 점도 있고, 아닌 점도 있다고 본다. 앞서 소개한 예화는 바람직하지 않은 사회의 단편을 보여주는 것 아닐까? 이야기에 드러난 내용으로만 보면 똘똘이가 살아남을 확률이 더 높아 보인다. 조금 달리 생각해보자. 똑똑이와 똘똘이가 같이 살 수 있는 방법은 없는 걸까?

나는 가능하다고 본다. '우리'와 '나'를 조화시킬 수 있다면 우리는 지금보다 행복한 세상을 만들어갈 수 있다고 믿어 의심치 않는다.

인공지능이 대세인 시대에 들어서면서 다시 '함께 사는 법'이 화두로 떠오르고 있다. 인간과 대화가 가능한 챗GPT가 대두하면서 이제 인공지능이 지배하는 세상이 되는 것 아닌가 하는 우려까지 낳고 있다. 여러분의 생각은 어떤가?

인간은 예로부터 지금까지 필요에 의해 무언가를 발명해왔다. 그런 숱한 생각과 기술을 '과학'이라는 단어로 묶어서 정의했다. 과학의 발전과 더불어 인류는 역사상 가장 풍요롭고 편리한 시대를 구가하고 있다. 과학이 언제나 인류에게 희망만을 제시하는 것은 아니지만, 과학을 통제하여 긍정적인 모습으로 발전하게 하고 모두가 함께 행복을 누릴 방법은 무엇일까?

그런 답은 인공지능이 주지 않는다. 우리의 미래는 결국 사람에게서 나온다. 사람들의 선한 인성人性이 사회를 조금씩이지만 좋은 방향으로 이끌고 있다고 보면 과장일까? 과학은 원자폭탄의 형태로 수많은 목숨을 앗아가기도 하지만, 코로나19 같은 신종 감염병의 시대에 개발된 백신처럼 뭍 생명을 살려내는 데 활용되기도 한다. 앞으로 점점 발전할 인공지능을 비롯한 모든 과학적 산물이 그런 선택지로 우리에게 주어질 것이다.

우리는 기술의 속도가 아니라 행복의 방향을 고민해야 한다. 학생들의 진로탐색을 도와주는 상담교사로서 나는 인성교육이 우선이고 먼저라고 생각한다.

3

퍼스널 브랜드 시대에 발맞추다

앞에서 나는 '우리'와 '나'의 조화가 중요하고, 모두가 함께 행복하게 살기 위해 바른 인성교육이 먼저라고 얘기했다. 여기서는 '나'에 관한 이야기를 좀 더 나누고 싶다.

10여 년 전부터 '자기 PR'이라는 말이 사람들의 입에 오르내렸다. 이 말은 '자기 자신을 스스로 다른 사람들에게 알리는 행위'라는 의미다.

'자기 PR'은 요즘처럼 취업하기 힘든 조건에서 자기소개서를 쓰거나 면접을 볼 때 더욱 강조되는 개념이기도 하다. 이건 영어도 아니고 콩글리시도 아니다. 일본에서 만들어진 단어라는데, 어느 순간 우리나라에서 아주 중요한 화두가 되었다. 개인의 정체성과 가치가 강조되기 시작한 흐름과 결부된 것으로 보면 맞을 것이다.

요즘은 '퍼스널 브랜딩personal branding'이라는 말로 사람들의 입에 다시 오르내린다. 다음Daum 한국어 사전에 '자기 PR'은 없어도 '퍼스널 브랜딩'은 있다. '자기 자신을 브랜드화하는 것으로, 자신만의 이미지나 업무 능력, 특성 따위를 만드는 일'이라고 뜻이 풀이되어 있다.

그만큼 우리는 개인의 가치를 크게 생각하는 시대를 관통하고 있다. 사람을 평가할 수 있는 수많은 가치 중에서 사회에서 중요하게 생각하는 것은 무엇일까? 굳이 꼽으라면 '신뢰' 내지는 '신의'라고 말하고 싶다.

사람과 사람, 기업과 기업, 나라와 나라 사이의 약속은 신뢰 내지는 신의를 통해 이뤄지고 유지된다. 그러므로 신뢰나 신의는 사회를 유지시키는 중요한 가치다. 하다못해 교통신호 역시 '신뢰'를 바탕으로 구성되어 있다. 횡단보도에 있는 신호등의 파란불은 '보행자가 지나가니 차량은 멈추고 기다리시오'라는 약속을 상징한다. 이런 기본적인 약속을 신뢰하지 않는다면 사회는 원활하게 돌아갈 수 없다.

이렇듯 사회적 신뢰의 기반 위에서 능력을 발휘하는 개인이 존재할 수 있다. 어떤 사람도 날 때부터 능력을 다 갖추고 태어나지 않는다. 성장하며 개인은 사회가 필요로 하는 능력을 적절히 갖춰 경제활동을 통해 생활을 영위하게 된다.

개인을 기업에서 호감을 가지고 맞이할 수 있도록 도와주는 대표적인 기관이 바로 학교다. 그런데 학교에서 퍼스널 브랜드 시대에 발맞춰 모두가 똑같은 역량을 발휘하도록 도와주는 게 과연 가능할까?

교육 관계자들이 한계를 극복하기 위해 많은 프로그램을 기획하고 도입하지만 늘 부족함을 느낀다. 그만큼 사회가 빠른 속도로 변화하기 때문이다. 그러니 학생이 자신을 드러내기 위해서는 어느 분야에 흥미를 느끼는지, 어떠한 재능을 갖추고 있는지 일찌감치 고민할 필요가 있다. 나는 학생들이 어떻게 하면 각자의 브랜드 영향력을 키울 수 있을지 고민해왔다. 퍼스널 브랜드 시대에 학생, 교사, 학교가 브랜드 가치를 높여 선한 영향력을 발휘할 수 있도록 실질적인 도움을 주고 싶다.

4

재능디자인연구소를 열며

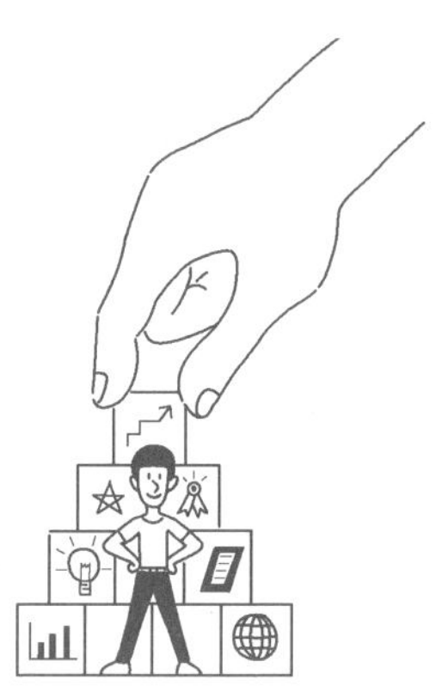

넓고 넓은 푸른 초원에 있는 유목민을 생각해보라.

멋지지 않은가?

그런데 진짜 멋질까?

우리가 상상하는 모습이 현실은 아니다.

그런 괴리 때문에 사람들은 여행을 간다.

상상하던 것을 마주하고 경험하기 위해서.

내겐 '노마드'에 대한 환상이 있었다. 광활한 초원에 우뚝 서서 석양을 바라보다 하염없이 말을 달리는 유목민의 삶에 대한 동경이랄까…. 나는 그런 꿈을 안고서 진짜 유목민이 되는 여행 계획을 세우고 삶의 현장으로 뛰어들었다.

그런데 웬걸. 환상 속 노마드 생활이 현실이 되니 하루하루가 녹록지 않았다. '게르'라는 유목민 전통가옥에서 지내는 생활은 결코 낭만적이지 않았다. 물과 먹거리가 부족했으며 가축들의 배설물이 아무 곳에나 쌓여 있었다.

심지어 말을 타는 것조차 쉽지 않았다. 나에겐 석양을 등지고 초원을 달리는 모습은 그저 환상에 불과했다. 그렇다고 유목민의 삶이 모두 나빴던 건 아니다. 30여 년 만에 보는 깨끗한 밤하늘에 펼쳐진 은하수와 끝없이 펼쳐진 드넓은 푸른 초원은 눈을 시원하게 해주었다. 대자연이 만들어내는 장엄한 풍광은 잊지 못할 추억이 되었다.

짧은 유목인 체험에서 드러나듯, 우리가 직접 경험하지 않은 것에는 막연한 환상과 착각이 맞물려 있다. 진로탐색도 그렇다. 학생들이 인생의 방향을 설정해 나아가는 일이 쉽지 않은 이유다.

학생들은 자신의 능력을 객관적으로 평가하기 어렵고, 엄청나게 많은 기업에 대한 정보 역시 충분하지 않다. 인터넷을 통해 쉽게 얻을 수 있는 정보는 정확하다고 보기 어렵다.

이런 여러 가지 문제를 해결하는 데 도움을 주고자 학교에 진로진학상담교사가 생겼다. 하지만 진로진학상담교사 한 사람이 진로를 고민하는 학생 모두에게 실질적인 도움을 주기는 사실상 어렵다. 이 때문에 여기저기 다양한 기관의 도움을 받기도 한다. 그런데 문제는 이런 기관들 역시 특정 분야에 한정된 경우가 많다. 주로 대학 입시와 연관된 분야로 말이다.

대학 입시를 제외하고 특성화고 학생들이 취업과 진로 관련 고민을 해결하기에는 도움을 줄 수 있는 기관이 턱없이 부족한 현실이다. 그래서 나는 내 인생 3막의 시작을 '재능디자인연구소'를 여는 것으로 시작할 생각이다.

청소년들은 진로 고민이 많다. 선생님들과 학부모님은

대학 진학을 종용하지만 경쟁이 만만치 않을 뿐 아니라 졸업 후 진로가 불투명하다는 사실을 잘 알고 있다. 그래서 고민이 깊어만 간다. 이런 고민을 해결하기 위해 개개인의 재능을 발견하고 끌어내어 진로를 탐색한다면 학생들은 적성에 맞춰 스스로 진로를 디자인할 힘을 기를 수 있다. 내 인생 1막이 직장생활까지였고, 2막이 교직생활까지였다면, 3막을 교사가 아닌 재능디자인연구소 소장으로 시작하겠다는 계획을 세운 이유가 여기에 있다.

나는 재능디자인연구소 활동을 통해 청소년 전문 진로직업상담가로서 실질적인 도움을 주는 활동을 할 예정이다. 12년간 학생들의 진로를 지도한 노하우를 바탕으로 진로상담, 다중지능검사, 디스크검사, 지문인식적성검사상담 관련 자격증을 취득하는 등 진로직업상담 전문가로서의 역량을 살려 각자의 재능을 찾아내고 디자인하는 역할을 다할 것이다. 재능디자인연구소는 다양한 진로 체험을 통해 진로적성을 찾아줄 뿐 아니라 《청소년을 위한 300프로젝트》를 활용하여 진로탐색도 도와줄 것이다. 아울러 이 모든 활동을 디지털 포트폴리오로 집약하여 학생들이 진로역량을 발휘할 수 있도록 체계적으로 도울 예정이다.

《이제는 대기업이 아니라 강소기업이다》에서 언급한 로컬 시대의 활로를 찾는 방법 중 하나로써 지역의 강소기업을 발굴하여 유튜브 채널인 '행진가TV'에 소개하고, 진로독서 생활화를 위해 '책읽는 마을 만들기'에 일조하고자 한다. 그 일환으로 교육과 문화 혜택의 기회가 적은 산간 지역을 위한 순회 진로 강연을 개최하고, 진로 북카페를 운영하는 등 지역사회의 진로 사랑방 역할을 하는 진로 플랫폼을 구축하고자 한다.

나는 대기업에서 외국계 강소기업을 거쳐 특성화고로 전직한 진로진학상담교사였다. 제자들의 진로탐색을 지도하면서 취업과 진학 외에 창업創業, 창직創織, 창작創作을 강조한 평소 소신처럼 나 역시 새로운 분야의 창직과 창업을 통해 여덟 번째 직무의 길을 여는 재능디자인 전문가로 인생 3막을 살아가려 한다.

에필로그

사랑하는 제자들에게

지금까지 살아오면서 인류가 역사를 만들며 쌓아온 지혜와 지식의 보고인 책을 꾸준히 읽고, 교직에 몸담은 사람으로서 학생들을 지도하다 보니 나름 깨달은 바가 있어 제자 여러분에게 몇 자 적어봅니다. 여러분보다 한발 앞서 인생을 산 자의 노파심일지도 모르겠지만 제 얘기에 귀를 기울여주세요.

첫째, 행복은 성적순이 아니라는 것입니다.

《이제는 대학이 아니라 직업이다》에서 언급한 청년들의

이야기를 읽었다면 특성화고를 졸업해도 얼마든지 당당하게 자신의 길을 찾아갈 수 있다는 사실을 알 수 있겠지요.

특성화고를 선택하는 다양한 이유가 있다고 봅니다. 어떤 학생들은 성적이 좋지 않아서 선택하기도 합니다. 하지만 성적이 조금 낮더라도 좋아하는 일을 선택한 학생들이 자신만의 진로를 찾아 행복한 삶을 영위하고 있다는 점에 주목하길 바랍니다.

저 역시 학창 시절 IQ 검사 결과 평균에 못 미친다는 사실을 알게 되었고 주눅이 들어 위축된 마음으로 공부했습니다. 머리가 좋은 친구들은 쉽게 좋은 성적을 얻는 것 같다는 생각이 들어 부러워하기도 했습니다.

하지만 머리가 좋다거나 IQ가 높다거나 한 것과 일을 잘하는 것은 별개라는 사실을 직장생활을 하면서부터 깨닫게 되었습니다. 학창 시절 괜한 열등감에 위축되어 세월을 보낸 것이 너무 후회되는 순간이었습니다.

둘째, 다양한 진로 체험을 시도해보라는 것입니다.

우리는 세상의 모든 일을 직접 체험하기는 어렵습니다.

그렇다면 '독서'로 보완하면 됩니다. 사회가 어떻게 변할지 미래사회를 예측하는 책을 읽고, 인터넷이나 미디어 자료도 찾아보길 바랍니다. 가까운 곳이라면 아무래도 직접 찾아가서 경험하는 편이 좋습니다. 전문가의 식견이 필요하다면 시사·교양 프로그램이나 관련 다큐멘터리를 참고하면 됩니다.

인터넷은 아주 간편한 정보 탐색 도구입니다. 드넓은 정보의 바다에서 관심이 있는 정보를 쉽고 빠르게 찾을 수 있습니다. 하지만 그 많은 데이터 중에서 옥석을 가려내는 데 어려움이 있을 수도 있으니 관련 분야 도서를 참고하여 보완한다면 금상첨화라 하겠습니다.

독서야말로 여러분의 인생을 밝힐 등불이 되어주는 황금알을 낳는 습관임을 잊지 마세요. 최근 급부상하여 세간의 주목을 받고 있는 생성형 AI에 관심을 두고 직접 활용해보기를 권합니다. 인공지능을 둘러싼 다양한 시각이 교차합니다. 인공지능이 사람의 일자리를 대체할 것이라는 부정적인 전망도 있습니다. 하지만 4차 산업혁명 시대에 여러분이 갖춰야 할 무기는 융합력과 협업력입니다. 그런 힘을 기르기 위해 관심이 가는 분야와 일에 몰입하길 바랍니다.

셋째, 공부를 평생의 친구 내지는 습관으로 만드는 것입니다.

행복은 성적순이 아닙니다. 결과가 아니라 과정의 충만함 속에서 진정한 행복을 맛볼 수 있습니다. 제아무리 좋은 결과를 거두고 대단한 성취를 이룬다 해도 과정이 불행하다면 행복한 삶이라고 생각할 사람은 아무도 없을 것입니다.

공부는 학교에서 벗어나면 끝나는 것이 아닙니다. 살면서 필요하다고 느끼거나 마음으로 좋아서 스스로 손을 내밀게 되는 공부가 '진짜 공부'입니다. 다가오는 미래의 직업 세계에 대한 준비는 '진학'이 아니라 '진로'입니다. 여러분의 적성과 능력에 맞춰 전문성을 높이는 '진짜 공부'를 시작할 때입니다.

세상은 참 빠르게 변하고 있습니다. '넘버원Number One'이 아닌 '온리원Only One'을 지향할 때 여러분은 행복한 진로 여행을 할 수 있습니다.

평생학습의 시대가 열린 지 오래입니다. 저는 대학 졸업 후 필요를 느껴 12년 만에 대학원을 졸업했고, 그로부터 13년 만에 박사학위를 받았습니다. 살면서 일곱 번 직무를 갈아타며 평생학습을 실천해왔습니다.

여러분 앞에 펼쳐질 미래는 여러분이 스스로 만들어가는 것입니다. 자신의 브랜드 가치를 높이기 위해 다양한 시도를 해보길 바랍니다. 시간은 모두에게 공평하게 주어지지만, 그 시간을 얼마나 효율적으로 나누어 쓰고 어디에 투자하느냐가 여러분의 미래를 결정짓습니다. 자기답게 살기 위해 준비하고 있는 여러분의 행복한 진로 여행을 진심으로 응원합니다.

존경하는 학부모님께

지금까지 살아오면서 인류가 역사를 만들며 쌓아온 지혜와 지식의 보고인 책을 꾸준히 읽고, 교직에 몸담은 사람으로서 학생들을 지도하다 보니 나름 깨달은 바가 있어 학부모님께 몇 자 적어봅니다. 여러분이 생각하는 관점과 다를지도 모르지만 자녀들의 진로를 고민하는 많은 학부모님을 만나며 느낀 점이 있어 말씀드리니 제 얘기에 귀를 기울여주세요.

첫째, 행복은 성적순이 아니라는 것입니다.

저는 《이제는 대학이 아니라 직업이다》와 《이제는 대기업이 아니라 강소기업이다》라는 책에 진로탐색의 다양한 예시로 제자들의 삶을 소개했습니다. 그들의 이야기를 읽는다면 특성화고를 졸업해도 얼마든지 당당하게 자신의 길을 찾아갈 수 있다는 사실을 아실 수 있을 것입니다.

자녀들을 특성화고에 보내신 다양한 이유가 있다고 봅니다. 어떤 학부모님은 자녀의 성적이 좋지 않다는 제한적인 이유로 특성화고를 선택하기도 하십니다. 하지만 성적이 조금 낮더라도 좋아하는 일을 선택한 학생들이 자신만의 진로를 찾아 행복한 삶을 영위하고 있다는 무수한 사례에 주목하시면 좋겠습니다.

저 역시 학창 시절 IQ 검사 결과 평균에 못 미친다는 사실을 알게 되었습니다. 주눅이 들어 위축된 마음으로 공부했습니다. 머리가 좋은 친구들은 쉽게 좋은 성적을 얻는 것 같다는 생각이 들어 부러워하기도 했습니다.

하지만 머리가 좋다거나 IQ가 높다거나 한 것과 일을 잘하는 것은 별개라는 사실을 직장생활을 하면서부터 깨닫게 되었습니다. 학창 시절 괜한 열등감에 위축되어 세월을 보낸 것을 지금은 후회합니다.

둘째, 자녀들에게 다양한 진로 체험을 권유하시라는 것입니다.

세상에는 수많은 직업이 있습니다. 다양한 직무를 다 체험하기도 어렵습니다. 그러니 '독서'로 자녀가 세상의 실상을 파악하도록 도와주시면 됩니다. 사회가 어떻게 변화할지 미래사회를 예측해볼 수 있도록 책을 권하고, 인터넷이나 미디어 자료를 찾아보도록 지도하시면 됩니다. 전문가의 식견이 필요하다면 시사·교양 프로그램이나 관련 다큐멘터리를 참고하셔도 좋습니다.

인터넷은 아주 간편한 정보 탐색 도구입니다. 드넓은 정보의 바다에서 관심이 있는 정보를 쉽고 빠르게 찾을 수 있습니다. 하지만 그 많은 데이터 중에서 옥석을 가려내기란 쉽지 않습니다. 관련 분야의 도서를 참고하여 대응하신다면 금상첨화라 하겠습니다.

독서야말로 자녀들의 인생을 밝힐 등불이 되어주는 황금알을 낳는 습관임을 잊지 마십시오. 최근 세간의 주목을 받고 있는 생성형 AI에 관심을 두고 자녀가 직접 활용하도록 권유해보시길 바랍니다. 인공지능을 둘러싼 다양한 시각이 교차합니다. 인공지능이 사람의 일자리를 대체할 것이라는 부정적인 전망도 있습니다. 하지만 4차 산업혁명 시대에 여러분의 자녀들이 갖춰야 할 무기는 융합력과 협업력입니다. 그런 힘을 기르기 위해 자녀들이 관심을 보이는 분야와 일에 몰입할 수 있도록 도와주시길 바랍니다.

셋째, 공부를 자녀들의 평생 친구 내지는 습관으로 만드는 것입니다.

행복은 성적순이 아닙니다. 결과가 아니라 과정의 충만함 속에서 진정한 행복을 맛볼 수 있습니다. 제아무리 좋은 결과를 거두고 대단한 성취를 이룬다 해도 과정이 불행하다면 행복한 삶이라고 생각할 사람은 아무도 없을 것입니다.

공부는 학교에서 벗어나면 끝나는 것이 아닙니다. 살면서 필요하다고 느끼거나 마음으로 좋아서 스스로 손을 내밀게 되는 공부가 '진짜 공부'입니다. 다가오는 미래의 직업 세계에 대한 준비는 '진학'이 아니라 '진로'입니다. 여러분의 자녀들이 적성과 능력에 맞춰 전문성을 높이는 '진짜 공부'

를 시작할 때입니다.

세상은 참 빠르게 변하고 있습니다. '넘버원Number One'이 아닌 '온리원Only One'을 지향할 때 자녀들이 행복한 진로 여행을 할 수 있습니다.

평생학습의 시대가 열린 지 오래입니다. 저는 대학 졸업 후 필요를 느껴 12년 만에 대학원을 졸업했고, 그로부터 13년 만에 박사학위를 받았습니다. 살면서 일곱 번 직무를 갈아타며 평생학습을 실천해왔습니다.

학부모님의 자녀들 앞에 펼쳐질 미래는 그들 스스로 만들어가는 것입니다. 그들의 브랜드 가치를 높이기 위해 다양한 시도를 할 수 있도록 격려하고 응원하시길 바랍니다. 시간은 모두에게 공평하게 주어지지만, 그 시간을 얼마나 효율적으로 나누어 쓰고 어디에 투자하느냐가 그들의 미래를 결정짓습니다. 자기답게 살기 위해 준비하고 있는 귀한 자녀분들의 행복한 진로 여행을 진심으로 응원합니다.

이제는 진학이 아니라 진로다

초판 1쇄 발행 | 2024년 2월 4일
초판 2쇄 발행 | 2024년 11월 6일

지은이 손영배
책임편집 손성실
편집 조성우
디자인 권월화
일러스트 신병근
펴낸곳 생각비행
등록일 2010년 3월 29일 | 등록번호 제2010-000092호
주소 서울시 마포구 월드컵북로 132, 402호
전화 02) 3141-0485
팩스 02) 3141-0486
이메일 ideas0419@hanmail.net
블로그 ideas0419.com

ⓒ 손영배, 2024
ISBN 979-11-92745-22-0 43370

이 책의 수익금 중 일부는 청소년과 청년들의
진로 모색에 도움을 주는 일에 사용됩니다.

책값은 뒤표지에 적혀 있습니다.
잘못된 책은 구입하신 서점에서 바꾸어드립니다.

이 책 내용의 전부 또는 일부를 재사용하려면
반드시 지은이와 출판사 양쪽의 동의를 받아야 합니다.

재능디자인연구소